同調圧力のメカニズムと
心理的安全性を高める指導

子どもたちの
行動を決める

学級の「空気」

河村茂雄 著
Shigeo Kawamura

誠信書房

はじめに
―不登校の激増と学級の「空気」を読もうとする子どもたち―

　3年間のコロナ自粛が転換された日本の学校現場では，コロナ前のかつての学校生活を取り戻すどころか，児童生徒数が年々減少している中で，不登校の小学生・中学生は，いずれも11年連続で増加を続け，ついに30万人を超えました。子どもたちが不登校に至る要因も，ここ数年固定していて，過半数が「無気力，不安」です。

　無気力型の不登校の子どもは，なんとなく全体的に気力がなくなっており，学校で頑張る意味もわからず，頑張っても無駄だと思っている面があり，自分でも不登校の原因が曖昧なことが多いです。

　不安の強い子どもは，自分は友だちができないのではないか，うまく関係をつくれないのではないか，勉強についていけないのではないか，先生に叱られるのではないか，うまくできないとみんなにバカにされたりするのではないか，と考えすぎ，学校生活を常に緊張して送っていることが少なくありません。

　「不安」とは目の前に具体的にある「恐怖」ではなく，これから何かよくないことが起こりそう，そのときに私はうまく対処できないだろう，と悲観的に思いつめている心情です。

　このような不安な気持ちは，学校が「安心できる場所」だと感じられていないことの表れです。「無気力，不安」が要因の不登校は，「学校で何か嫌なことがあった？」「いじめられたの？」と聞かれても，具体的な要因がわからないだけに，すぐに問題解決ができるような不適応ではなく，もっと根の深い問題があることが多いです。

　不登校という「学校」不適応は，実は学級集団への不適応が中心です。日本学級経営心理学会の研修会に参加していた教師たちは，学級内の目の前の子どもたちの気になる様子として，次のような指摘をしています。

- ●学級内では，小グループで固まっている。
- ●内輪の友だち同士で，その場を軽いノリで楽しく過ごしている。
- ●小グループの仲間たちにとても気をつかい，同調している。
- ●学級集団の一員という意識が乏しい。

　このように，不登校の子どもだけではなく，学級に来ている子どもたちにも「無気力，不安」の影響が及んでおり，学級内では，不安により，気心の知れた身近な仲間と固まっている状態（不安のグルーピング）で，その中のメンバーたちと同調的に行動していることを指摘しています。

　学校に来ている子どもたちも，失敗すること，傷つくことを恐れ，他者の評価をとても気にし，対立しないように周りの人にとても気をつかっています。「KY（空気が読めない）」となることを恐れ，その場の状況での立ち振る舞いの正解を得ようと，自分の考えや欲求を抑えて，周りの人の顔色をうかがって行動しています。

　では，近年の子どもたちは，各学級集団の状態に，また，一緒にいるクラスメイトたちの状況に，どのような「空気」を読み取って，同調しようとしたり，不適応になったりしているのでしょうか。

　本書では，各学級集団が醸し出す独特の学級の「空気」と，その学級の「空気」に子どもたちはどのような影響を受けるのか，そして，学級の「空気」が生まれる要因と，それを変えていく方法を考えてみたいと思います。本書が，日本の学校教育が大きく変化していくこの時期に，子どもにとって「心理的安全性」の高い学級集団の育成を目指して試行錯誤している教育関係の方々に参考にしていただければ幸いです。

2024年3月
　早稲田の街並みが少しずつ変わっていくのを感じながら

早稲田大学教授

博士（心理学）　河村茂雄

目　次

はじめに　iii

第1章　不登校問題から考える現代の子どもたち　1

第1節　不登校問題の実態と理解する視点 …………………… 1
　1　適応と不適応 ……………………………………………… 2
　2　子どもの「個人の中にある要因」の3つの側面 ………… 3

第2節　不登校の子どもの「個人の中にある要因」………… 5
　1　子どもたちが不登校に至る主な要因
　　　―「無気力・不安」― ………………………………… 6
　2　「無気力」で不登校になっている子どもの特徴 ………… 6
　3　「不安」で不登校になっている子どもの特徴 …………… 8
　4　不登校に至る要因の「無気力」と「不安」は同根 …… 14

第3節　不登校ではない現代の子どもたちの
　　　　「個人の中にある要因」………………………………… 16
　1　KY（空気が読めない）………………………………… 17
　2　「いい子症候群」………………………………………… 19
　3　対人関係に関する問題の根 …………………………… 19

第4節　現代の子どもたち全体の「個人の中にある要因」…… 21
　1　自己肯定感，自己効力感 ……………………………… 22
　2　動機づけ，自己決定理論 ……………………………… 23

第2章　学級の「空気」を生み出すもの　27

第1節　環境としての「学級集団の状態」の問題 …………… 27
 1　校内暴力の発生 ………………………………………………… 28
 2　学級経営にも影響を与えた学校の取り組み …………………… 28
 3　環境面の学級集団の問題の質の変化 …………………………… 29

第2節　学級集団の状態と学級風土，学級の「空気」 ……… 31
 1　学級風土と学級の「空気」 ……………………………………… 31
 2　「支持的風土」と「防衛的風土」 ……………………………… 32
 3　学級の「空気」とは ―心理的安全性の視点から― ………… 35

第3節　隠れたカリキュラムの作用 ………………………… 39
 1　「隠れたカリキュラム」とは …………………………………… 39
 2　感化と学習動機 ………………………………………………… 41

**第4節　学級の「空気」に子どもたちが
　　　　巻き込まれていくしくみ** ……………………………… 48
 1　従来の人が外部の力で強制されていく流れ ―「権力」― …… 48
 2　間接的に「権力」を行使していくやり方 ……………………… 49
 3　「タテ」の同調圧力と「ヨコ」の同調圧力 …………………… 51
 4　同調圧力と学級の「空気」の関係 ……………………………… 57
 5　自律的動機を高める同調圧力のある学級の「空気」 ………… 63

第5節　配慮を要する子どもへの学級の「空気」の影響 …… 65
 1　発達障害の子どもへの影響 ……………………………………… 66
 2　刺激に対してとても敏感な子ども（HSC）への影響 ………… 71

第3章　学級集団の状態と学級の「空気」の関係　76

第1節　学級集団づくりの変化 ……………………………… 77
1　管理的な「学級集団づくり」 ……………………………… 77
2　個性重視への転換の難しさ ……………………………… 78
3　特別支援教育への転換 ……………………………… 79
4　アクティブラーニングの推進 ……………………………… 81
5　協働し合える学級集団をつくるには
　　―「安定度」と「活性度」― ……………………………… 83

第2節　学級集団の状態の捉え方 ……………………………… 85
1　学級集団の状態のこれまでの捉え方 ……………………………… 87
2　学級集団の状態の新しい捉え方 ……………………………… 89

第3節　学級集団の状態の代表的なタイプと学級の「空気」 …… 91
1　親和型A［安定―創造・活用］ ……………………………… 92
2　親和型B［安定・固定―活用・遂行］ ……………………………… 93
3　かたさ型［固定―遂行］ ……………………………… 95
4　ゆるみ型［流動―遂行・停滞］ ……………………………… 97
5　拡散型［流動・不安定―停滞］ ……………………………… 98
6　不安定型［不安定―停滞・不履行］ ……………………………… 100
7　崩壊型［混沌―不履行］ ……………………………… 102

第4節　子どもに与える影響から見る学級集団の状態のタイプと学級の「空気」 ……………………………… 104

第4章　学級の「空気」を変える教師の指導行動　110

第1節　学級の「空気」は変化する ……………………………… 110
1　学級集団・学級の「空気」の変化の流れ ……………………… 110
2　「学習集団不成立型」の学級崩壊 ……………………………… 112

第2節　自律的動機を高める同調圧力のある学級の「空気」を持つ学級集団を形成する指針 ……………………………………… 115

第3節　「目標・規律・関係づくり」の段階 ……………………… 117
1　「目標・規律・関係づくり」を確実に実施する ……………… 117
2　「目標・規律・関係づくり」の段階で生じる非建設的な学級の空気とその対応 …………………………………………………… 120
3　「目標・規律・関係づくり」の段階のまとめ ………………… 135

第4節　「協働づくり」の段階 ……………………………………… 137
1　「協働づくり」の段階で必要な取り組み ……………………… 138
2　「協働づくり」の段階で生じる非建設的な学級の空気とその対応 ………………………………………………………………… 148
3　「協働づくり」の段階のまとめ ………………………………… 161

第5節　「協働学習づくり」の段階 ………………………………… 163
1　安定度に関しての「協働学習づくり」の段階の対応のポイント ……………………………………………………… 166
2　「協働学習づくり」の段階で生じる非建設的な学級の「空気」とその対応 …………………………………………………………… 170

3　安定度を「固定」から「安定」に変える対応
　　　―活性度を「活用・遂行」から「創造」にするために― …… 174
　4　学級の「空気」と教師の指導行動のまとめ …………………… 180

おわりに …………………………………………………………………… 183

第1章

不登校問題から考える現代の子どもたち

　本書では，学級が醸し出す独特の「空気」と，それが子どもたちに与える影響を考えていきますが，まずは，不登校の問題から紐解きたいと思います。

　不登校の出現率が11年連続で過去最高の増加となっています（文部科学省，2024）。不登校とは「学校不適応」であり，実際には「学級への不適応」が多いです。

　本章では，「学級の空気」を考えるにあたって，現代の子どもたちについて，その心理的な特性を，不登校問題から考えたいと思います。不登校の子どもとそうではない子どもには，その心理的な特性に差があるのかどうかを検討することで，現代の子どもたちの心底を明らかにします。

第1節　不登校問題の実態と理解する視点

　2023年度の小学生と中学生の不登校は，どちらも11年連続で増加し，不登校の小中学生の数は，合計で30万人を超えました（文部科学省，2024）。
　文部科学省は，不登校を「何らかの心理的，情緒的，身体的あるいは社会的要因・背景により，登校しない，あるいはしたくともできない状況にあるために年間30日以上欠席した者のうち，病気や経済的な理由による者

を除いたもの」と定義しています（文部科学省，2022）。

2023年度の小学生の不登校は，10年前の約5倍，中学生は約2倍に増加しています。在籍児童生徒に占める不登校児童生徒の割合は，3.7％になっています（文部科学省，2024）。

不登校は「不適応」の問題です。この問題を理解する視点として，次の2点の概略を確認したいと思います。

1　適応と不適応

個人が周囲の物理的・社会的環境に合うように行動を調整して，心身共に健康に過ごそうとする過程やその状態を「**適応**」といいます。それが適切にできておらず，本人または社会にとって何らかの不利益が生じている状態が「**不適応**」です。

つまり，不登校は，「子どもの学校に対する不適応」です。

ただ，厳密にいえば，子どもの物理的・社会的環境の中心は，学級集団です。日本の学校では，子どもが日々の生活・活動・学習を送る場所は，最低1年間所属メンバーが固定された学級集団だからです。

したがって，「学校」不適応は，実は「学級」不適応といえます。ですので，学級集団での子どもたち同士の人間関係の質や関わり方は，学級適応に大きく影響します。

子どもが学級集団に適応できない場合，それは子どもの「個人の中にある要因」に問題がある場合もあれば，環境としての「学級集団の状態」に問題がある場合もあります。さらに，両方にその原因がある場合もあります。

子どもの「個人の中にある要因」とは，個人の性格特性や社会性の有無，家庭の問題などが主なもので，内気や消極的な性格，ソーシャルスキル（人と関わる技術）の未熟さなどがあると適応が悪くなることが想定されます。

環境としての「学級集団の状態」とは，教室に集まった子どもたちの関わり方や集団としてのまとまりに関して，親和的に率直に関われている，

あるいは，対立やトラブルが頻発している，ギスギスしていてしらっとしている，教師に強く管理されているなど，関係性や集団としての確立度などが主なものです。もちろん，それらの背景には，担任する教師の人となり，指導行動のあり方の影響が大きくあります。

　子どもの「個人の中にある要因」と，環境としての「学級集団の状態」には，それぞれ一般的に望ましい傾向があります。そのような傾向があれば，学級適応が高まる可能性が上がります。

　ただ，実際に特定の子ども個人の学級集団への適応や不適応を左右するのは，「個人の中にある要因」と「学級集団の状態」との相性，マッチングのよし悪しだと考えられます。その子どもの心理的特性のあり方によって，適応しやすい「学級集団の状態」は微妙に異なります。

　さらに，本書で取り上げる「学級の空気」は，「学級集団の状態」の物理的な環境の面よりも，子どもの中にある心理的要因がつくり出している面があります。

　そこで，本書では，第1章で，子どもの「個人の中にある要因」を取り上げ，第2章で，心理的側面を含めた環境としての「学級集団の状態」に注目したいと思います。

2　子どもの「個人の中にある要因」の3つの側面

　近年，日本の学校の学級集団では，多様な子どもたちが在籍しています。すべての子どもができるだけ同じ場で共に学び育つことを目指すインクルーシブ教育が推進されているからです。

　従来，障害のある児童生徒の教育は，適正就学という考え方のもと，通常学級ではなく特別な学級や学校に所属して学ぶ（特殊教育）ことになっていました。それが，2007年以降の日本の学校では，障害のある児童生徒の教育は，特殊教育から，障害の有無にかかわらず子どもたちが一緒に学ぶことが目指される特別支援教育に転換されました（文部科学省，2007）。

　そのため，通常学級にも，特別支援が必要な子どもたちも一定数在籍し

ています。つまり，学級集団に適応できない子どもの「個人の中にある要因」には，障害も含まれるようになりました。

したがって，学級集団内の子どもたちの支援には，精神科医のエンゲル（Engel, 1977）が提唱した「**生物・心理・社会モデル（BPSモデル）**」の視点が重要になりました。

BPSモデルとは，人間は3つの側面が相互に影響して成り立っており，疾病や不適応などの問題も，これら3つの側面の相互作用として現れていると考えるものです。

〔「生物・心理・社会モデル（BPSモデル）」における3つの側面〕
B：Biomedical　体／疾患のこと
　　──生物的側面／発達障害などに起因する問題
P：Psychological　心のこと
　　──心理的側面／抑うつなどの心理面に起因する問題
S：Social　社会的なこと
　　──社会的側面／人間関係などに起因する問題

不適応になっている人の個人の中にある要因は，一つの側面だけではない場合が多く，教師が子どもの「個人の中にある要因」を理解するためには，生物的側面，心理的側面，社会的側面の3つの観点から検討していくことが必要です。具体的には表1-1のようなものです（東京都教育委員会，2018）。

身体・健康面	睡眠，食事・運動，疾患・体調不良，特別な教育的ニーズ
心理面	学力・学習，情緒，社交性・集団行動，自己有用感・自己肯定感，関心・意欲，過去の経験
社会・環境面	児童・生徒間の関係，教職員との関係，学校生活，家族関係・家庭背景，地域での人間関係

表1-1　東京都教育委員会（2018）の「支援シート」におけるアセスメントの観点例

「生物・心理・社会モデル（BPS モデル）」にあてはめてみると，「身体・健康面」がB，「心理面」がP，「社会・環境面」がSです。

学校不適応に至る「生物的側面」や深刻な「心理的側面」への特別支援に関する要因は，専門的な支援が求められます。「生物的側面」や「心理的側面」への配慮と対応をせずに，例えば，「励まして行動を促す」などの「社会的側面」への対応をしてしまうと，効果がないばかりか，逆効果になる場合もあるので注意が必要になります。

本書では，担任教師が主に担当する「社会的側面」を中心に扱いますが，専門家ではなくとも教師として支援が必要なレベルの，「生物的側面」や「心理的側面」にもふれたいと思います。

第2節　不登校の子どもの「個人の中にある要因」

子どもの「**個人の中にある要因**」としては，例えば，日常生活を一人で送ることができないという場合以外に，置かれている環境に対処するスキルを適切に行使できていないといった面があります。人間関係や集団活動に参加する力，自分の感情や人間関係の相互作用を調整する力が十分ではない面が考えられます。そのような子どもは，学級集団という環境で，下記のような特徴的な傾向が見られます。

- 規則正しい生活習慣で行動ができず，遅刻や欠席が多くなる。
- ルールにそった行動や役割行動などの集団行動が苦手である。
- 会話のキャッチボールが苦手で，本音や状況をうまく伝えられず，対人関係が形成できない。
- 予期不安や対人不安，「こうしなければ」という思い込み，他者から評価される懸念が強く，ふつうに日常生活を送ることが難しい。

1　子どもたちが不登校に至る主な要因
　　—「無気力・不安」—

　文部科学省の統計では，子どもたちが不登校に至る要因はここ数年固定していて，その過半数が「**無気力・不安**」とされています。
　「無気力・不安」は，実は不登校に至る背景に複合的な要因が絡み合っているので，「具体的な原因を特定することは難しい」と，文部科学省も指摘している状態で，学校現場でも，不登校の子どもの対応・支援に苦慮しています。そうした不登校の子どもたちは，どのような心理状態にあるのでしょうか。無気力，不安のそれぞれの側面に焦点化して，考えてみたいと思います（DSM-5精神障害の診断・統計マニュアル〔American Psychiatric Association, 2013/2014〕を参照）。

2　「無気力」で不登校になっている子どもの特徴

　無気力で不登校になっている子どもの特徴は，「不登校になった明確な原因がない」ということです。学校での生活に何か特別な不満や困り感があるわけではないので，学校を強く拒絶したり批判したりすることや，深刻に塞ぎ込むことも少なく，意外と落ち着いているような面もあります。
　このような状態の中で，「なんとなく面倒くさい」「なんとなく登校する気になれない」という感じでいるので，周囲からは「ただ怠けている」と見られることが多いです。
　しかし，自分の心の中は混乱しており，何事にも関心が持てず，心が平板のようになっているという，本人でさえも無気力な原因がわからない状態は，根の深い問題を抱えていることが少なくありません。
　そこには，無気力になる要因として，下記のようなことが想定されます。

〔想定される無気力になる要因〕
①**やりたいことが見つからない・楽しいことがない**
　部活動や勉強，趣味など，打ち込めるものが見つからず，目的のない毎日，変化の少ない毎日を淡々と過ごすことに退屈して，何に対しても意欲がわかなくなって無気力になってしまうことがあります。
②**学習性無力感に陥っている**
　自分なりに努力して何度も取り組んだけれども，うまくいかない経験を繰り返しているうちに，どうせやってもうまくいくはずがないという「学習性無力感」に陥ってしまうことがあります。学習性無力感は，自分ならできるという自己効力感と正反対の感覚です。
③**燃え尽き症候群に陥っている**
　勉強や部活動などを頑張りすぎて，心身に大きなストレスがかかると，燃え尽きたように意欲を失う「燃え尽き症候群」に陥ることがあります。燃え尽き症候群は，中学受験の後や部活動で大きな大会が終了した後など，張っていた緊張の糸が切れたときに起こりやすいです。
④**抑うつなどの心の病気を抱えている**
　様々なストレスなどの原因により，精神的なエネルギーが下がって抑うつ状態に陥り，「気分が落ち込んで何にもする気になれない」「憂鬱な気分になる」などの状態が強くなり，様々な精神症状や身体症状が見られるようになっている状態です。抑うつ状態のときには，主に次のような精神症状が見られます。

　意欲や興味がなくなる：「うれしい」「楽しい」といったポジティブな感情が失われ，「やる気が起こらない」「何をしても面白く感じられない」という感じに陥ります。今まで興味のあったことに対しても，関心が持てない場合は，その可能性が高いです。

　思考力や集中力が落ちる：「考えがまとまらない」「ものごとを決められない」など，効率的に物事ができなかったり，作業中のミスが増えたりします。

　自己評価が低下する：自己評価が極端に低くなり，「自分は役に立た

ない人間だ」「生きる価値がない人間だ」と感じてしまったりします。この流れの中で留意が必要なのは,「消えてしまいたい」というようなレベルになると,「死にたい」という自殺念慮を持つことがあることです。

　怒りっぽくなる:「このままではいけない」とあせる気持ちが空回りして,急にイライラしたり,怒りっぽくなったりすることもあります。

　ちなみに,抑うつ状態のときには,「睡眠障害」「倦怠感・疲労感」「食欲不振・体重減少」「便秘・下痢」「頭痛」「呼吸困難感」「動悸・めまい」「発汗」「性欲低下」といったような症状が現れます。
　抑うつ状態がある(うつ病の初期症状の可能性もある)ときは,自律神経の働きが不安定になるので,身体症状として現れることが多いです。
　そして,漠然とした「不安」を抱えていると,学校に登校することに対して無気力になることも多いです。

3　「不安」で不登校になっている子どもの特徴

　無気力の不登校の子どもの特徴は,不登校になった明確な原因がないという点でしたが,それは無気力の背景に不安があることも考えられます。
　「**不安**」とは,漠然とした対象のない恐れの感情であり,不快感を伴った安心できない心的状態です。それに対して,「**恐怖**」とは,高所恐怖や閉所恐怖のように,特定の対象に対する恐れの感情です。
　つまり,「無気力,不安」で不登校に至る子どもたちは,「無気力」になっている要因も,学校に行けない「不安」な理由も漠然としています。現代の子どもが不登校になる問題には,意識レベルの底の深い所にその根があり,理解と対応の難しさがあるとも考えられます。ここでは,不安について焦点化して,確認したいと思います(DSM-5〔American Psychiatric Association, 2013/2014〕を参照)。

(1) 不安とは

不安という感情は，危険から身を守るために必要とされる本能的かつ合理的な反応です。人は，あることに対してこれから悪いことが起きそうだと直感的に感じたときに不安を感じ，事前にその問題に対処することで，先々の災難を避けることができます。

つまり不安の感情は，この先，より安全になるように，準備行動をするためのシグナルになります。したがって，不安が喚起されたら，ちゃんとそれに対処行動することができれば，不安はとても役に立ちます。しかし，そのメカニズムが建設的に機能しないと逆効果になります。

不安が問題になるのは，次の点です。

- **本来，脅威をもたらすはずのない対象に対して，不安を感じてしまう。**
- **少しのことでも不安が喚起されたり，対象の脅威の大きさ以上に過剰に不安を感じたりしてしまう（不安が強すぎる）。**
- **不安を感じても行動せず，持続的に不安が生じて蓄積している。**

上記のような感情があると，かなりイライラして疲れてしまって，その人の心的エネルギーを奪ってしまい，メンタルヘルスが悪化してしまいます。

生活をしていく上で，特定の対象に，一時的に不安を感じることはふつうにあることです。多くの場合，時間の経過とともに，その不安は軽減されていくものです。しかし，上記のような状態になってしまうと，本人の不安は軽減されるどころか，社会生活に支障をきたす不適応になってしまう可能性が高まります。

(2) 「強すぎる不安」が形成されるメカニズム

不安が強すぎる状態になるのは，生得的な面もありますが，特定の不安は，何らかの経験の結果として，後天的に形成されることが一般的です。

例えば，クラスでいじめっ子の男子グループから繰り返しいじめを受け

ていた女子生徒が，男子生徒全般が怖くなってしまうなどといったケースは，その代表的な例です。このような，ショックの経験を通して特定の刺激に対する恐怖・不安反応が形成されるプロセスを「条件づけ」といいます。このような形で強すぎる不安が形成されるパターンが主に２つあります。

〔不安が形成される２つのパターン〕
①大きなショックの体験から，不安が強すぎる状態になってしまった
　例えば不登校などで，クラスメイトからいじめられて「人が怖い」「学校が怖い」となる場合が，その代表的な例です。
②じわじわと繰り返された不安喚起が，一定量を超えて，不安が強すぎる状態になってしまった
　例えば，過干渉の親から，常に先回りで口出し・ダメ出しされることが多かったり，失敗すれば強く責められたり，ということが重なったという場合がその例です。また，心配性の家族から「本当に大丈夫なの？」「心配ない？」と悲観的なことを言われ続け，「できない子」扱いをされ続けた場合もその例です。

　上記で，下線を引いた部分が不安を喚起する「刺激」です。
　以上のように条件づけられると，その刺激は脅威として認識され，刺激に対する過敏性が形成されます。
　過敏性が形成されると，刺激や刺激を連想させる状況（例えば，親，家庭環境など）に対して，過剰に注目したり，強い緊張などのような自律神経反応が過剰に表出したり，ふつうの出来事に対しても破滅的・悲観的な解釈が想起されてしまうようになってしまいます。

(3) 刺激からの回避・逃避
　特定の刺激に対して過敏性が形成されると，脅威の到来を阻止しようとしたり，事前に回避しようとしたりする，回避・逃避行動が習慣化されます。

●脅威が生じないように過剰に対処しようとする。
●行動を制限しようとする／ひきこもる。
●他者に依存する。

　このような回避・逃避行動は，一時的には本人の不安を緩和しますが，回避・逃避行動が過剰に反復されることで，建設的な生活につながる「**適応行動**」が抑制されてしまうため，生活に支障が生じてしまいます。
　不安の強い人がとる回避・逃避行動は，本人は，安全確保に効果的であると考えてとっている「**安全行動**」です。本人はよい行動をとっていると思っているのですが，結果的には，逆に不安を大きくしたり，強迫的な信念（〜しなければならない思考）を強めたりする悪循環に陥ってしまいます。

(4) 不安で不登校になっている子どもの問題の根

　不安の感情は，この先，より安全になるように，脅威に対処する準備行動をするためのシグナルになるものです。不安は，本質的にはただの感情で，「準備のために行動する」ことで減少していきます。
　不安を感じながらも，脅威を感じるものに少しずつ直面し，対処し，慣れていくというプロセスをたどっていくことを繰り返していくと，時間の経過とともに，当初の不安は軽減されていく，という具合です。
　「不安だったけど，思い切ってこのように行動すれば，大丈夫なんだ，何とかなるもんなんだ」と実感できると，少しずつ安心感が出てきます。そうすると，自己肯定感も徐々に上がってきて，先々に対して不安を感じることも減っていきます。
　一方，不安が強い人の，不安への対処の仕方で，あまりよくないパターンがあります。不安で不登校になっている子どもの問題の根の多くは，このパターンになっています。

1）不安が強くて「不安だから行動しない」パターン

このパターンに陥ってしまう子どもは、不安が喚起してもそれに対処する必要な行動をしないので、状況が変わらず、いつまでも不安が減少せず続いてしまいます。それどころか、さらに不安が増加してしまいます。このように不安が悪化していく流れには、一定のメカニズムがあります。

〔不安が悪化していくメカニズム〕
①些細なことで、悪いことが起こると不安を感じる（過度の予測）
　　　　　＋
②悪いことが起こったら対処できないと考える（破局視）
　　※背景に自己効力感・自己肯定感の低さがある
　　　　　↓↑
③脅威に感じる事態を心配して、予防しなくてはならないと焦る
　（心配のメタ認知）
　　　　　↓↑
④予防するためには状況をはっきり明確に理解しなければならないと考える（曖昧さへの不耐性）
　　※背景に完全主義がある

そもそも、先々のことを完全に把握すること、確実にうまくいく・成功するように準備することは不可能です。

上記の③と④に強く捉われて、考えすぎてしまうと、最初の一歩の行動に踏み出せません。そして、対象に対する回避・逃避行動が習慣化してしまい、対象に直面化する機会が失われてしまいます。

そうすると、不安を軽減するプロセスがとれなくなってしまいます。「最初はとても不安だったけど、何とかやり遂げることができた」「やってみたら、想像していたほど大変ではなかった、つらくはなかった」という経験をする機会が奪われていきます。

その結果として、対象への脅威的なイメージと不安が高まった状態が維

持され，さらに考えすぎ，それが広がり高まっていきます。本人は，心の中で，下記のような「**脅威について心配する思考**」がぐるぐる回っていることでしょう。

- 自分は学校でうまく行動できないのではないか。
- 友だちができない・一人ぽっちになるのではないか。
- 勉強についていけないのではないか。
- 先生に叱られるのではないか。
- 勉強ができないとみんなに笑われたり，バカにされたりするのではないか。
- みんなと同じようにできない自分はダメなのではないか。

このように思いつめていると，いつも緊張して，不安を抱えながらの学校生活になってしまいます。少しのミスでも苦痛に感じたり，悲観的に思いつめてしまったりすることになります。学校生活を全く楽しめなくなってしまいます。

　実は，本人も考えすぎだと思っている場合も多く，このようなことではダメだ，自分は甘えていると自分を責めている場合も少なくありません。しかし，それがよけいに本人の不安を高めてしまいます。

　この不安が強くて「不安だから行動しない」パターンは，実は古くからよくあることです。そのことへの戒めが「ことわざ」になっているくらいです。それが「**案ずるより産むが易し**」です。心配していても実行してみれば意外に簡単なことが多いから，まず行動してみようと促しているというたとえです。

2）不安が強くて「不安だからやみくもに行動してしまう」パターン
　このパターンに陥ってしまう子どもは，不安に感じる事態を心配して予防しなくてはならないと強く焦り，状況をしっかり把握せず，行動すべき

複数の選択肢を吟味せずに,その場で思いついたこと,誰かから言われたことに飛びつき,すぐに何か行動をやり始めてしまいます。

不安だからやみくもに行動してしまうのは,行動していると,心配していることから少し気がそれて,不安が低下するからです。

ただ,このような形で行動したことは,なかなかいい成果を生まないことが多いです。不安が強いと,柔軟さを失うので思い込みが強くなり,視野も狭くなって,建設的に思考することができないからです。

そのため,選択した方法,展開していく段取り,展開していくときの配慮など,すべきことへの取り組みが不十分になりがちで,成果が得られません。

行動していると,思いつめることから少し解放されて,不安が一時的に軽減されるのですが,最終的に,「最初はとても不安だったけど,何とかやり遂げることができた」ということが実感できません。

つまり,不安の対象の問題解決ができていないだけではなく,だんだん自分の判断に自信を失くし,他者の言うことに不信を持つ,という悪循環になってしまいます。不安は軽減されず,自己肯定感も下がりぎみになってしまいます。

以上のように,不安が強い子どもの不適切な不安への対処は,閉じた世界で自分の思い込みだけでじっとしている「ますます行動できない」か,不安から逃れるために「無駄な思いつきの行動を頻発する」という形になりがちです。その結果,さらに不安になるという悪循環に陥りやすいです。

不安で不登校になっている子どもは,前者の傾向が強いと考えられます。そして,このような不適切な不安への対処をする不安が強い子どもは,徐々に無気力になっていくことが考えられます。

4　不登校に至る要因の「無気力」と「不安」は同根

近年の「無気力」を主な要因とする不登校の子どもたちの無気力は,不

安から生起しているとも考えられます。

　強い不安の中で，脅威的（と思っている）な出来事や現象に対して強迫的（～しなければならない思考）に考えすぎ，どう対応すべきか自己決定ができなくなり，その結果として行動できなくなっていることが考えられます。

　このような状態で，学級集団内で多くのクラスメイトと一緒にいても，対人不安が生じて自律的に関われず，クラスメイトと一緒に何かをやりたいという意欲も持てずにいることが多くなります。

　その結果，クラスメイトと協働する意味や意義を感じたり，考えたりする余裕も持てないので，他者と協働することもなく，孤立しているような存在になっていきます。そのような状態が，周りの人から見ると無気力な状態に見えるのではないでしょうか。

　したがって，このタイプの子どもが態度から醸し出される無気力さ，それを基に周りの人に対してよく口にする「面倒くさい」の言葉は，単なる字義を表すものではなく，それなりの意味があると思われます。例えば，「面倒くさい」には，次のようないくつかの意味が考えられます。

〔想定される「面倒くさい」に潜む意味〕
① 悩みを考えること自体をあきらめている
　　強い不安を抱き，心の中では複雑に感情が入り混じっているのに，その感情をうまく整理できず，悩んだり考えたりしてもどうにもならないという状況に疲弊し，「考えることが面倒くさい」という心境に陥っている場合です。
② 悩みを伝えること自体をあきらめている
　　勇気を出して親や教師にSOSのサインを出したものの，それがうまく伝わらず，期待する支援も得られないことが続いて失望し，「悩みを伝えることが面倒くさい」という心境に陥っている場合です。
　　さらに，SOSのサインを出したにもかかわらず望まない対応をされたので，これ以上何かされて傷つくことがないように，自分を守ろうと

して「関わられることが面倒くさい」と話を切り上げようとしている場合です。

③**理由を周りに知られたくないのでごまかしている**

親の過干渉や教育虐待などに耐えられないなど，自分の悩みや困り感をある程度理解できていても，親や教師に言いにくく，そのように思っていることを知られたくない，期待を裏切って失望させたくないという思いから，「詮索されること自体が面倒くさい」とごまかしている場合です。

④**アドバイスをもらってもどうせ自分ではできないとあきらめている**

p.7でも解説した学習性無力感に陥っている場合です。自分なりに努力して取り組んだけれどもうまくいかなかった，という経験を何度も繰り返しているうちに，どうせやってもうまくいくはずがないという確信になってしまい，「アドバイスされても無駄なので面倒くさい」という心境に陥っているケースです。

第3節　不登校ではない現代の子どもたちの「個人の中にある要因」

不登校の子どもの数が過去最高になっているとともに，学校に登校できている子どもたちにも，様々な問題があることが指摘されています。文部科学省（2011）は，現代の子どもたちの対人関係に関する問題を指摘しています。

- 自分の思いを一方的に伝えているにすぎない。
- 相互理解の能力が低下している。
- 同意見や反対の意思を伝えるだけで対話になっていない。
- 同質的なグループや人間関係の中でしか行動できない。
- 異質な人々によるグループなどで課題解決することが苦手で回避する

傾向にある。

 これによると，現代の子どもたちは自己中心性が強く，対人関係を建設的に調整しようとする行動に乏しく，問題に直面すると防衛的に対処する傾向があることが考えられます。
 傷つくことを恐れる面が強く，他者と対立しないように他者の評価を気にし，「**KY（空気が読めない）**」となることを恐れ，自分の考えや欲求を抑えてしまう「**いい子症候群**」（金間，2022）とも呼ばれる大学生たちは，このような子どもたちの数年後の姿だと思われます。

1　KY（空気が読めない）

 「KY（空気が読めない）」が流行語として注目されたのは，2007年頃でした。その場の状況に合った言動ができない。言葉にならない暗黙の了解を理解できない。このような人を冷やかすときに使われた言葉です。
 ちょうど学校現場では特別支援教育が始まった時期で，発達障害の子どもがからかわれなければいいな，と思ったことを覚えています。
 もともと日本は，他者の気持ちを「察する」ことができる力を評価する傾向があります。島国である日本は同質な人が多いと認識されている面があり，自分の考えや要求をわざわざ口にするのは野暮とされがちで，相手の思いを推し測って理解し，先手で対応していく行動が評価されてきました。
 多様な人種がいる大陸の国々では，文化や考え方の違いがあることが当たり前で，考えや要求は言葉にしないと伝わらないため，コミュニケーションにおいて言葉にした明確な「自己主張」が求められるのとは好対照です。
 しかし，グローバルな変化の激しい高度情報化社会になった今日，多様な背景を持つ人々と積極的に交流していくことが不可欠になってきており，コミュニケーションにおいて「自己主張」をしっかりできることがグ

ローバルスタンダードになってきました。我が国の学校教育もそのようにシフトしてきました。

　2017年に告示された新学習指導要領でも，自ら考え他者と協働して問題解決することができる資質・能力の育成が目指され，小学校から大学まで，教師の一方的な知識伝達の講義形式の授業から，グループディスカッション，グループワークなどの協働学習を積極的に取り入れた授業展開が目指されています。学習者が能動的に学習する，アクティブラーニングです。

　しかし，現代の子どもたちは，このような授業場面を設定されても，自らの考えや意見を積極的に発言することや，考えの違う他者とも主体的に協働的に関わることに対して，とても消極的になっています。その背景には，p.13の不登校の子どもの「脅威について心配する主な思考」で紹介したのと類似しているものがあることが想定されます。

- ●自分は学校でうまく行動できないのではないか。
- ●勉強ができずにみんなに笑われたり，バカにされたりするのではないか。
- ●みんなと同じようにできない自分はダメなのではないか。
- ●勉強についていけないのではないか。
- ●先生に叱られるのではないか。

　つまり，不登校ではない現代の子どもたちも，不登校の子どもたちと同様に，学級生活や活動に対して不安が強くなっており，自分がマイナスに評価されることを恐れ，それを避けるために，自分の考えや意見を発表するのを避けて，他者の意見に同調しようとしている面があると考えられます。それが「KY（空気が読めない）にならないように過敏になっている傾向」として現れていると考えられます。

2 「いい子症候群」

　近年，大学に入学する学生はとても多様化し，特別な支援が必要となる大学生は確実に増加しています。ただし，大多数の学生たちは，特別な支援は受けていないという意味でいうと，"ふつう"の大学生たちです。

　そのような"ふつう"の大学生でも，「いい子症候群」（金間，2022）と呼ばれるタイプの学生たちが多くいます。一見，「素直に話を聞く」「場の雰囲気を乱さないように振る舞う」などまじめな感じです。しかし，グループディスカッションなどの協働学習を取り入れた授業を設定しても，履修を避ける，参加しても発表しない，周りに対して本音を出さず，指名しても当たり障りのないことしか発言しないなどの傾向があります。

　「いい子症候群」の学生たちは失敗すること，傷つくことを恐れる面が強く，新たなことにチャレンジしようとしない傾向があります。同時に，他者の評価をとても気にし，他者と対立しないように，周りの人に気をつかいます。

　つまり，「いい子症候群」の大学生たちは，「KY（空気が読めない）にならないように過敏になっている傾向」の子どもたちと同類といえます。「KY（空気が読めない）」となることを恐れ，その場の状況での立ち振る舞いの正解を得ようと，自分の考えや欲求を抑えて，周りの人の考えや意見に同調し，周りの人の顔色をとてもうかがいます。

　多様な人々と自律的に関わることが求められている現代社会の中で，まさに，最近の子どもたちと同様に，大学生も，周りの空気を読み取ることに躍起となっています。個性を表出することを恐れ，周りの空気に同調することで，傷つかないように防衛している面が強いのです。

3　対人関係に関する問題の根

　過去最高の数になっている不登校の子どもたちの多くは，不安から自己

決定ができず，そのため建設的な行動できなくなって学級に不適応になっていると考えられます。それに対して，不登校ではない現代の子どもたちは，一応学校に登校できているため不登校の定義には含まれませんので，不適応とカテゴライズはできません。

　しかし，不登校ではない現代の子どもたちにも，不安から自己決定ができず，自分の思いや考えを抑制して，周りの他者に同調している面があります。そうした状態は，「適応」というよりも「**過剰適応**」の傾向があると考えられます。

　ここで，「適応」「不適応」「過剰適応」について整理したいと思います。

　「**適応**」とは個人が周囲の物理的・社会的環境に合うように行動を調整して，心身共に健康に過ごそうとする過程やその状態です。詳しく言うと，適応とは，社会的・文化的な適応を表す「**外的適応**」と，心理的な安定や満足といった自己の内面への適応を表す「**内的適応**」の両者が調和した状態です。

　それが適切にできておらず，本人または社会にとって何らかの不利益が生じている状態，「外的適応」と「内的適応」が共に適切にできていない状態が「**不適応**」です。

　実は，適応の異常として，「不適応」以外に「過剰適応」があります。

　「**過剰適応**」とは，必要以上に周囲の期待に応えようとして他者志向的な「外的適応の過剰」と，無理をした自己抑制的な「内的適応の低下」から構成されています（石津・安保，2008，2009）。

　過剰な外的適応行動はその人の社会適応をもたらしますが，必要以上に自己抑制的に振る舞うので，個人の内的適応を阻害します。

　不登校ではない現代の子どもたちが過剰適応ぎみになっている面があるのは，その心底に，不登校の子どもと類似した心理的特性があると考えられます。

第4節　現代の子どもたち全体の「個人の中にある要因」

　適応異常といわれる不適応の不登校の子どもと，過剰適応ぎみの不登校ではない子どもは，その心底に公約数となる心理的な特性があり，それが現代の子どもたちを特徴づけていると考えられます。そして，このような傾向は小中高生だけではなく，大学生にも見られます。

　両者の心底には，「不安の強さと対処の未熟さ」と「自己肯定感と自己効力感の低さ」があり，そこから「自律的に自己決定することが苦手」になり，「自律的で協働的な行動がとれない（不適応や過剰適応になってしまう）」ことにつながっていると思われます。

　問題なのは，「嫌々やらされている」形で行動している状態に陥り，そこから抜け出せないで，惰性での行動を続けていて，不安が高く満足感が低い状態に留まっていることです。

　このような傾向の心理的特性を持つ現代の子どもたちは，学校や学級集団を，なかなか「安心できる場所」だと感じられないのではないでしょうか。そうした子どもたちのメンタルヘルスや行動のあり方は，「学級集団の状態」という環境の要因に非常に大きな影響を受けやすくなります。学級環境に対して，改善しようとするのではなく，受け身になっている傾向があるからです。

　続いて，本節では，現代の子どもたちの公約数となる心理的特性に関する概念を確認したいと思います。まずは，すでに国や研究機関で指摘されている「自己肯定感」「自己効力感」，そして，「KY（空気が読めない）」や，「いい子症候群」の子どもを理解する上で有用な概念である動機づけと自己決定理論についてです。

1　自己肯定感，自己効力感

自己肯定感（self-affirmation）とは，努力して能力を高め，結果を出し，そのことで自他評価を獲得して，自分を肯定することです。この自己肯定感の高さが，人の自信の源となります。

自己肯定感は，その人の現在までのいろいろな活動への取り組みの成果に対する思いが，その高低に反映されています。人は自分の取り組みの成果に納得し，自己肯定感が高まってくると，「自分にもできる」という実感が持てる自信である**自己効力感**（self-efficacy）（Bandura, 1977）も高まっていきます。

ただし，取り組んでいた活動の成果を思うようにあげられないことが続くと，自己肯定感はどんどん低くなっていってしまいます。「取り組んでもどうせできない」ということを学習してしまうからです。取り組みがうまくいかないことが続き自己肯定感が低下した結果，「どうせやってもうまくいかない」という信念になってしまったものが**学習性無力感**です。これは，自己効力感と正反対の概念です。

現代の子どもたちの問題は，「自己肯定感や自己効力感が低い」というレベルにとどまらず，さらに，「学習性無力感を持ち始め，自ら何かをしようとする自律性を持てなくなっている」レベルになっている子どもが増えている点です。

日本の子ども・青年が抱える大きな問題は，自分や自分の行動に自信が持てないことです。日本・韓国・アメリカ・イギリス・ドイツ・フランス・スウェーデンの7カ国の若者を対象とした内閣府（2014）の調査や，日本・アメリカ・中国・韓国の4か国の高校生を対象とした国立青少年教育振興機構青少年教育研究センター（2015）の調査などによって，日本人青年の自己肯定感の低さが明らかにされました。

後者の調査によると，「自分はダメな人間だと思うことがある」と回答した日本の高校生は，調査国中最も多く，72.5％がそのような回答をして

います。さらに、「私は人並みの能力がある」に対する回答は各国とも5割を超えるものの、日本の高校生は他国と比べると割合が少ないことも報告されました。

　このような現状は非常に問題視され、学校教育でも児童生徒たちの自己肯定感を育成することが大きな課題となっています。同時に、文部科学省（2011）も、「気の合う仲間としか関われない」「自分の思いを一方的に言うことが多く、対話にならない」など、対人関係がうまく形成することができない子どもたちが増えてきたことを危惧し、その対策として、子ども同士の能動的な関わりを取り入れた協働学習を核に据えた授業を展開することを推奨しています。「主体的・対話的で深い学び」を推奨している学習指導要領（文部科学省, 2016）の背景には、このような現状があります。

2　動機づけ、自己決定理論

　人に行動を起こさせ、目標に向かわせる心理的過程を「**動機づけ（モチベーション）**」といいます。理想的なのは、他者に言われてではなく、自分からやろうと思って行動するような動機づけ（自律的な動機づけ）です。

　ただし、最初からそのように取り組める人は少ないので、子どもの自律性を確立していくためには、最初は、他者に言われて行動する「外発的動機づけ」から始め、徐々に自律的なものに近づけていくという流れで支援していくことが求められています。これが**自己決定理論**（self-determination theory）（西村ら, 2011；西村・櫻井, 2013）です。

　動機づけの種類によって、例えば、子どもが「勉強しよう」と考えて行動していく自律性の程度が異なってきます。「やらされて」取り組むレベルから、自ら取り組むレベルまであります。以下に、学習動機における、それぞれの動機の差を解説します。

〔学習動機のレベル〕
①**外的調整**
　外的な強制を強く感じて仕方なくやるような，やらされ感の強い状態
⇒「教師に叱られたくないから」勉強しようとする。
②**取り入れ的調整**
　明らかな外的な強制がなくても，不安や恥などの感情を低減させるためや，義務感・罪悪感などによって取り組む状態
⇒「友だちに負けてバカにされたくないから」勉強しようとする。
　「先生をがっかりさせたくないから」勉強しようとする。
③**同一化的調整**
　行動の価値を理解し，個人的な重要性を感じて自発的に従事するもので，自分の価値や利益を認識して取り組む状態
⇒「いい高校や大学に進学するため」勉強しようとする。
　「先生から評価されて内申点が上がり，得だから」勉強しようとする。
④**統合的調整**
　課題と自分なりの価値観が統合されて，自然と取り組める状態
⇒「医者になって病院のない故郷に貢献したいから」勉強しようとする。
⑤**内発的調整**
　楽しいからやりたいといった内なる欲求に基づいている状態
⇒「昆虫が大好きでその生態について知りたいから」勉強しようとする。

　現代の日本の子どもたちの実態として，全体的に，「同一化的調整」の動機が最も高いです。「勉強するのはいい高校や大学に入るため」という意識が，学級や学校を超えて存在します。日本の学歴社会の意識は，現代の子どもたちにもしっかりと根づいています。その上で，次のようなことが考えられます。
　現代の子どもたちの問題は，「『**同一化的調整**』という基盤の上に，『**外的調整**』や『**取り入れ的調整**』のレベルの動機を強く持って学校生活を送っている子どもが一定数いる」ということです。そして，学級集団での

生活・活動や学習で,「『統合的調整』や『内発的調整』というレベルの動機が持てている子どもが少ない」という点です。

　学級集団での生活・活動で,「統合的調整」や「内発的調整」というレベルの動機が持てない背景には,「どうせやってもうまくいかない」という学習性無力感を抱いていることが考えられます。

　このような動機づけの状態の差が,個人の性格特性の差だけではなく,所属する環境の状態や雰囲気の差からも生起しています。

　こうした現代の子どもたちの現状を踏まえて,2017年の学習指導要領から,自ら考え他者と協働して問題解決することができる資質・能力の育成を目指したアクティブラーニングとなる授業展開が目指されています。ただ,子どもたちの実態を考えると,このような取り組みは,なかなか成果を出すことが難しいと思われます。

　本章では,現代の子どもたちの心理状態を,不登校問題から考えましたが,不安が強く,自律的で積極的な行動がとれなくなっている子どもたちの実態が浮き彫りになってきました。

　不登校の実際である学級への不適応も,学級集団における過剰適応も,子どもの中にある心理的要因がつくり出している面が大きいと考えられます。

　そこで次章では,子どもの中にある心理的要因をつくり出す面も含めて,環境としての「学級集団の状態」,そして,そこから生まれる学級の「空気」について解説します。

【文　献】

American Psychiatric Association（2013）.*Diagnostic and statistical manual of mental disorders.* 5th ed. Arlington, VA：American Psychiatric Association. 髙橋三郎・大野　裕（監訳）(2014). DSM-5精神疾患の診断・統計マニュアル．医学書院.

Bandura, A.（1977）. Self-efficacy：Toward a unifying theory of behavioral change. *Psychological Review*, 84, 191-215.

Engel, G. L.（1977）. The need for a new medical model：A challenge for biomedicine, *Science*, New Series, Vol. 196, No. 4286（Apr. 8, 1977），129-136.

石津憲一郎・安保英勇（2008）．中学生の過剰適応傾向が学校適応感とストレス反応に与える影響．教育心理学研究，56，23-31．

石津憲一郎・安保英勇（2009）．中学生の過剰適応と学校適応の包括的なプロセスに関する研究──個人内要因としての気質と環境要因としての養育態度の影響の観点から．教育心理学研究，57，442-453．

金間大介（2022）．先生，どうか皆の前でほめないで下さい──いい子症候群の若者たち．東洋経済新報社．

国立青少年教育振興機構青少年教育研究センター（編）（2015）．高校生の生活と意識に関する調査報告書──日本・米国・中国・韓国の比較．国立青少年教育振興機構青少年教育研究センター．

文部科学省（2007）．特別支援教育の推進について（通知）．https：//www.mext.go.jp/b_menu/shingi/chukyo/chukyo3/044/attach/1300904.htm

文部科学省（2011）．子どもたちのコミュニケーション能力を育むために──「話し合う・創る・表現する」ワークショップへの取組．

文部科学省（2016）．幼稚園，小学校，中学校，高等学校及び特別支援学校の学習指導要領等の改善及び必要な方策等について（答申）．

文部科学省（2022）．生徒指導提要（改訂版）．

文部科学省（2024）．令和5年度 児童生徒の問題行動・不登校等生徒指導上の諸課題に関する調査結果．

内閣府（2014）．我が国と諸外国の若者の意識に関する調査．

西村多久磨・河村茂雄・櫻井茂男（2011）．自律的な学習動機づけとメタ認知的方略が学業成績を予測するプロセス──内発的な学習動機づけは学業成績を予測することができるのか？．教育心理学研究，59，77-87．

西村多久磨・櫻井茂男（2013）．中学生における自律的学習動機づけと学業適応との関連．心理学研究，84，365-375．

東京都教育委員会（2018）．児童・生徒を支援するためのガイドブック──不登校への適切な対応に向けて．

第2章

学級の「空気」を生み出すもの

　子どもが学級集団に適応できない場合（または、過剰適応してしまう場合）、それは子どもの「個人の中にある要因」に問題がある場合もあれば、環境としての「学級集団の状態」に問題がある場合もあります。

　さらに、その両方に原因がある場合も少なくありません。「個人の中にある要因」の問題と「学級集団の状態」の問題とは、相互作用する関係にあり、そこから学級の独特の雰囲気である「空気」が生起してくるものだからです。

　本章では、心理的要因を子どもの中につくり出す面も含めて、環境としての「学級集団の状態」に注目し、解説をしていきます。

第1節　環境としての「学級集団の状態」の問題

　環境としての「学級集団の状態」には、一般的に、子ども同士が親和的に率直に関われているなどといった望ましい傾向もあれば、対立やトラブルが頻発しているなどの望ましくない傾向もあります。本節では、そうした望ましくない状況での問題について、少し歴史的な経緯も振り返りながら考えたいと思います。

1　校内暴力の発生

　望ましくない環境の例として，1970年代後半から1980年代前半にかけて，全国の多数の中学校と一部の高等学校で発生した「**校内暴力**」が挙げられます。

　「校内暴力」とは学校内で発生した「対教師暴力」「生徒間暴力」「対人暴力」「器物損壊」を合わせたもので，集団化した不良グループの生徒たちによる，犯罪に近い暴力行為が日常的に行われ，学級での正常な授業や集団活動の成立が難しく，学校の教育機能がマヒする状況に陥った問題でした。

　高校進学率が90％を超えた1970年代後半から1980年代前半の時期に，思春期という情緒的に不安定な中学生たちの，高校受験のプレッシャー，高校進学ができない生徒たちの鬱憤が，学校の管理教育体制やそれを推進する教師，学校生活全体への暴力による反発となっていきました。当時，マスメディアで連日のように報道されたこともあり，特定の地域に限らず，連鎖的に日本各地に広まりました（河村，2021）。環境としての「学級集団の状態」としては，かなり不適切な状態です。

2　学級経営にも影響を与えた学校の取り組み

　1980年，当時の文部省は，校内暴力の増加や非行の低年齢化を是正するために「児童生徒の非行の防止について」という通達で，校内の全教師が一体となって生徒指導に取り組むように指示を出しました。さらに，翌年には，「生徒の校内暴力等の非行の防止について」という通達で，以下のような具体的な対応策を示しました。

●生徒が授業から離脱することのないよう出欠を厳重にとる。
●授業時間に当たっていない教師が交替で校内を巡視する。

●パトロールを行い，昼休みや下校時などに生徒を観察して指導する。

　校内暴力への学校側の対応として，教師たちによる生徒への徹底した管理による指導が行われ，1985年頃から校内暴力の発生件数は低下しました（河村，2021）。ただし，そうした指導により，学校現場では，教師による子どもを管理するような指導が定着した面がありました。文部省が，1985年に，外面的に服装を細かく規制するなどの，過度に形式主義的な管理教育や体罰を是正し，学校に自由と規律の毅然とした風紀を回復する必要性を指摘したほどです。

　1980年代後半には，校内暴力の発生も低下しましたが，一方，子どもの数が減少してきたにもかかわらず，不登校は急増しました。

　不登校問題に関して当時の文部省（1992）は，「どの子どもにも起こりうるものである」との認識を示し，特別な子どもの問題からすべての子どもの問題へと，不登校の見方を転換しました。不登校問題の背景には，問題を抱えていないように見え，登校はしているが学校回避感情を持つ「**不登校のグレーゾーン**」の子どもが存在していることを明確にしました。つまり，学級不適応の問題に対して，子どもの「個人の中にある要因」について，より注目し，対応することを求めました。

　このような子どもたちが集った学級では，子どもたちの行動の相互作用や人間関係の質は，ぎこちなく非建設的になりやすいことが想定され，環境面の問題が発生しやすくなります。学級集団がストレスフルな場になってしまう可能性が高まります。1992年の「不登校はどの子どもにも起こりうるものである」との文部省の指摘は，現代の子どもたちの実態に合わせて，教師の学級経営や指導行動のあり方も，変化させていく必要性を示唆したと考えられます。

3　環境面の学級集団の問題の質の変化

　2003年頃から，少年の刑法犯の検挙数が大きく低下してきました（横

山, 2014)。特に,「反社会型」の非行は減少しました。それに代わって,「非社会型」の非行が注目されるようになりました。

反社会型の非行とは, 自分の欲求不満や不安を社会に対して攻撃的な形で示すもので, 社会生活において共同生活を送るルールや社会規範に反する行動をとるなどで, 盗み, 暴力行為などが主なものです。

一方, **非社会的な非行**とは, 自分の不安やストレスを解消しようとする行動が自己の内面に向けられ, 社会的不適応を起こすもので, 飲酒, 喫煙, 薬物乱用が主なものです。また, ひきこもり, 自傷行為や自殺などを起こすこともあります。

このような社会の非行の問題と関連して, 学校教育における生徒指導の問題を, 大きな時間の流れでみると, 次の2つの変化が指摘されています(河村, 2021)。

- ●「反社会的な問題行動」から「非社会的な問題行動」に移っていった。
- ●「特別な子ども」の問題から,「ふつうの子ども」の問題へと移っていった。

この2つの変化は, 現在の不登校の要因にもつながっています。

不登校(小・中学生)の主な要因の半数近くが,「無気力, 不安」(51.8％)です(文部科学省, 2023)。現代の子どもの適応に影響を与えるものは, 校内暴力のような反社会的な問題などの目の前にある「恐怖」というよりも, 周りからバカにされるのではないか, 傷つけられるのではないかという, 非社会的な問題のような自分の心から生じる漠然とした「不安」が多くなってきたと考えられます。

1992年の文部省の不登校に対する指摘から30年以上が経過した現在, 不登校のグレーゾーンの子どもの存在は, 減少してきたどころかその増加に歯止めがかからない状況です。もはや珍しくはない一般的な状況です。

現在, 不登校に代表される学校・学級不適応の環境の要因の問題は, 校内暴力のような「見える」荒れの問題ではなく, 学校や学級という集団

(その中の教師と子ども，子ども同士の人間関係)が醸し出す，例えば，「見えない同調圧力」とも言えるような，**学校や学級という集団にある独特の「空気」のような目に見えない雰囲気の問題**に移ってきました。独特な雰囲気である学級の「空気」が，現代の子どもたちには，不安やプレッシャーとなっていることが考えられます。

第2節　学級集団の状態と学級風土，学級の「空気」

　本節では，改めて，学級集団の状態の環境面について，整理して考えてみたいと思います。

1　学級風土と学級の「空気」

　最低1年間固定されたメンバーと担任教師で構成される日本の学級集団では，子どもたちの間の相互作用，インフォーマルな小集団の分化，子どもたちと教師との関係などにより，特有の雰囲気が現出してきます。このような学級全体の持つ雰囲気が**「学級風土」**です。

　組織の風土は，組織や職場に所属するメンバーたちの日々の行動に関して，明示的または暗黙的に「～べし，～するべからず」といった規則，集団規範に関するプレッシャーを与えます。所属するメンバーはその影響を受け，その集団特有の考え方や行動を意識的・無意識的に身につけ行動するようになっていきます。

　児童生徒は，意識する・しないにかかわらず，所属する学級集団の学級風土に大きな影響を受けていきます（河村・武蔵，2019）。この学級風土が，学級集団における場の「空気」を規定します。場の「空気」は，人によって様々な解釈がなされていますが，本書では次のように考えたいと思います。

場の「空気」とは，言い換えれば，「**社会的な組織や集団で，リーダーの価値観や指導スタイル，所属するメンバー間の役割関係・力関係・利害関係・情緒的関係，インフォーマルグループの実態などを基盤とした相互作用から生み出される，社会的雰囲気**」です。

学級において，子どもは，そうした社会的雰囲気を，「明るくて前向き」「みんなといると元気になる」「温かくて安心できる」，あるいは「重苦しくて息が詰まるよう」「いつも張りつめていてピリピリしている」「全体的にトゲトゲしている」というように，学級の「空気」として感じます。

2 「支持的風土」と「防衛的風土」

文部科学省（2010）は，学級活動で必要な学級集団の状態を，学級の子どもたちが感じる教室を支配する雰囲気である学級風土の視点から説明しています。学級集団の学級風土は，大きく「**支持的風土**」と「**防衛的風土**」との2つに分けられます。

以下に，両風土の特徴を記します（文部科学省，2010）。

〔支持的風土と防衛的風土の特徴〕

〈支持的風土〉
①級友との間に信頼感がある
②率直にものが言える雰囲気がある
③組織として寛容さがあり相互扶助が見られる
④他の集団に対して敵意が少ない
⑤目的追究では自発性が尊重される
⑥学級活動に積極的な参加がある
⑦多様な自己評価が行われる
⑧協同と調和が尊重される
⑨創造性と自律性が尊重される

〈防衛的風土〉
❶級友との間に不信感がある
❷攻撃的で他罰的な雰囲気がある
❸組織として統制と服従が強調される
❹戦闘的で地位や権力を志向する
❺目的追究に操作と策略が多い
❻グループ間に対立と競争がある
❼保守的で他律性が強い
❽上下関係が重視される
❾支配と服従の傾向がある

教育的には，「支持的風土」が理想とされます。それは，集団内の人間関係に信頼感が構築され，メンバー個々の多様性と個性が尊重・評価され対等な関わり合いがあり，かつ，より前向きに変化していこうという雰囲気が高まり，行動化されているからです。
　こうした学級集団の中では，子どもは人間関係の不安がないので，自分の思いを率直に出して，様々な学級活動に，他のメンバーたちと建設的に関わっていくことができます。他のメンバーたちと相互に協働的に取り組むことを通して，自律，協力，自主性，リーダーシップなどの資質を獲得していくことができます。
　逆に，「防衛的風土」の学級集団では，人間関係の中に序列があり，個人の自由や権利よりも上下関係を重視する封建的な雰囲気が強く，集団内で期待される態度や行動をとることを強いられることが多いです。
　そのため，他のメンバーの思惑が気になり，自分の考えを率直に出して行動できません。資質を獲得する可能性が低くなるだけではなく，人に対する不信感が形成されたり，防衛的な行動の仕方などを身につけたりする可能性が高まります。よって，不適応になる可能性も高まります。
　以上のことから，一般的に，子どもにとって学級の空気の良否は，大まかに次のように整理されます。

(1) 「学級の空気がいい」
「空気がいい」と感じる学級は，主に次のような特徴があります。

- 自分らしくいられて，不安が少ない。
- 個々のメンバーの多様性と個性が尊重・評価されている感じがする。
- みんなが対等に関わり合えている感じがする。
- みんな前向きに変化・行動していこうとしている感じがする。

　こうした学級の「空気」のイメージを，子どもたちは次のように表現し

ます。

「温かくて，安心できるような」「みんなから大事にされているような」
「自分らしくいられるような」「みんなとなら頑張れそうな」
「前向きな」「活き活きとしている」
「みんな元気な」「わくわくするような」

(2) 「学級の空気が悪い」
一方，「空気が悪い」と感じる学級は，主に次のような特徴があります。

●他のメンバーに不信感を感じる。他のメンバーの思惑が気になり，自分の考えを率直に出して行動できないと感じる。
●期待される態度や行動をとることを強いられることが多いと感じる。
●メンバーの人間関係の中に序列があるように感じる。
●個人の自由よりも上下関係を重視する封建的な面が強いように感じる。
●本音を出さず，防衛的な行動をしなければならないと感じる。

こうした学級の「空気」のイメージを，子どもたちは次のように表現します。

「裏表があり，安心できないような」「周りの目が気になるような」
「ギスギスしていて，本音が言えないような」
「ちゃんとしていなければいけないような」
「期待されるようにしないと，評価されなかったり，バカにされたりするような」
「力がある人に従わなければ，いじめられそうな」
「他人が信じられないような」「暗いような」

どんなによい学習活動の用意をしても，子どもたちが学習をする場である学級の「空気」が悪ければ，その成果はあがりにくいです。また，学級活動に際して，子ども同士の人間関係の陰湿なトラブルが多発してしまいます。現代の子どもたちは，学級の「空気」を読み，読み取った「空気」の状態に合わせて行動することが無難だと感じているので，学級の「空気」はますます強固になっていきます。

日本では従来から，楽しい雰囲気の「空気」がある場で，ネガティブな態度や行動をとることは「水を差す」行為として，避けるべきこととされてきました。このような「空気」を読めないと，嫌われてしまいます。

一方，特定のグループが集団を非建設的に牛耳っていて，悪い「空気」が集団内に蔓延しているとき，正義感の強い人が，それを危惧して改善すべく，あえてその「空気」に合った行動をせずに「水を差す」行為をしたときに，牛耳っているグループから徹底的に攻撃され（かつ，周りのメンバーは助けてくれず），集団から排斥される例をしばしば見かけます。

事の是非はさておき，このような場合，正義感の強い人は，改善しなければと強く感じたならば，その集団内にそのような「空気」を形成してから問題だと思われることへの指摘をしないと，逆効果になってしまいます。

「水を差す」という言葉が示すように，従来から，人はその場の「空気」に合った行動をとる傾向があると思われます。したがって，教師には，支持的風土となるように学級集団を形成していくことが切に求められます。

しかし，その方法論が学校現場に十分確立しているわけではないのが，学校の現状の大きな問題点です。

3 学級の「空気」とは ―心理的安全性の視点から―

学級の中の教師と子ども，子ども同士の人間関係が醸し出す学級風土と呼ばれる「空気」のプレッシャーは，子どもたちの学級集団内の態度や行動に影響を与え，資質・能力の獲得に大きな影響を与えます。このような現象は，組織心理学の領域では，「**心理的安全性**」（Edmondson, 1999）と

いう概念で研究されています。

心理的安全性は，Google が成功し続けるチームに必要な条件を探るために取り組んだ「プロジェクト・アリストテレス」と呼ばれた調査で，「生産性が高いチームは心理的安全性が高い」という調査結果を発表したことがきっかけで，一気に世界的に注目されました。

(1)　心理的安全性とは

心理的安全性の考え方は，メンバーの所属集団に対する「不安」に着目しています。この概念を提唱したエドモンドソンは，心理的安全性を，**「チームの他のメンバーが自分の発言を拒絶したり，罰したりしないと確信できる状態」**と定義しています（Edmondson, 1999）。

組織や集団に所属しているメンバーが，周りのメンバーたちから批判や非難をされるという不安を感じることがないので，その組織や集団内では自分の考えや思いを率直に発言できる状態です。

前項で学級風土として「支持的風土」と「防衛的風土」を解説しましたが，「支持的風土」の学級集団は心理的安全性が高い集団の典型例であり，「防衛的風土」の学級集団は心理的安全性が低い集団の典型例です。

(2)　心理的安全性の高い組織や集団とは

心理的安全性が高い組織や集団とは，所属するメンバー同士がお互いの多様性を尊重し合っていて，共通の目的の達成のために，ネガティブな指摘も含めて自分の考えや思いを率直に言い合え，支え合い・学び合い・高め合いができる状態です。

つまり，メンバー同士が互いを尊重し，ネガティブな指摘も含め何でも言い合え，共通の目的のために助け合えるのが，心理的安全性が高い組織や集団です。そうした組織や集団は，メンバーたちがお互いの多様性を尊重し合っているので，人間関係に不安がありません。

組織や集団内でのメンバーたちの人間関係に不安がないので，周りのメンバーたちに気兼ねすることもなく，率直に自分らしく接することができ

ます。他のメンバーと意見が違っても，率直に異なった自分の意見を言えます。

それができるのは，「組織や集団内での意見・考えの対立は，メンバー同士の議論で，新たなよりよい意見・考えの創造につながる」と信じられるからです。その結果，心理的安全性の高い組織や集団では，メンバー間で率直な議論が展開されるので，創造的な発想が生まれ，それが新たな成果を生む可能性が高まります。

心理的安全性が低く，リーダーの考えに従っているだけの組織や集団では，予定調和的な議論しかできず，変革ができないのとは対照的です。

なお，「心理的安全性」とは，おもねるような「**忖度**」とは全く逆の概念です。忖度とは，他者の気持ち（特に，内に秘めた思い）を察してうまく取り計らい対処することですが，近年では「目上の人の気持ちを推察し，配慮する」といった，おもねる意味合いで使われることが多くなりました。ちなみに，おもねる（阿る）とは，人に気に入られるように振る舞うこと，へつらうことです。

自分が不利益になったり，批判されたりしないように，リーダーや周りのメンバーたちにおもねるような忖度が必要な組織や集団は，心理的安全性が低いです。心理的安全性が高い組織や集団は，集団内でおもねるような忖度をする必要がありません。

また，他のメンバーの意見と異なった意見を言ったら，お互いに人間関係が気まずくなると困るので，異なった意見は抑えて，笑顔や優しい言葉を用いて，良好な人間関係の状態を表面的に取り繕うことが必要な組織や集団も，心理的安全性が低いといえます。一見仲よくまとまったような雰囲気ですが，実は，「取り繕っている」「見せかけに過ぎない」という組織や集団はとても多いです。

心理的安全性が高い組織や集団とは，立場の上下にかかわらず，自分の意見や考えを率直に語れる風土であり，組織や集団内で少数意見を持つ人が，多数意見に合わせるよう暗黙裡に強制されることがない風土です。自分の本音の考えや感情を抑制する必要はありません。

そして，所属する組織や集団のメンバーに，**心理的安全性の高さ・低さを感じさせるものこそ，組織や集団の「空気」**です。

(3) 心理的安全性を損なう不安

エドモンドソンは個人が自ら心理的安全性を損なう要因として，以下の4つの不安を提示しています（Edmondson, 2019/2021）。

〔心理的安全性を損なう4つの不安〕
① 「無知だ」と思われる不安
　質問や確認をしたくても，質問しづらくなる。
② 「無能だ」と思われる不安
　ミスや失敗した時に，自分の失敗や弱点を認めなかったり，ミスを隠したりするようになる。
③ 「邪魔をしている」と思われる不安
　自ら提案や発言をしなくなる。
④ 「ネガティブだ」と思われる不安
　現状の批判をしなくなったり，異なる意見があっても言わなくなったりする。

メンバーたちがこれらの不安を抱えたままでは，失敗するリスクを過度に恐れるようになり，本来の力を十分に発揮することができず，組織全体の成果は低下してしまう可能性が高まります。

エドモンドソンは，心理的安全性に最も重要な影響をもたらすのは，一番近くにいるマネジャーや監督者や上司であることを指摘しています（Edmondson, 2012/2014）が，学校教育では学級集団の担任教師が該当するでしょう。山田（2023）は，このような4つの不安を抱いている学生が多いことを指摘し，さらに対人関係の不安がその中核にあり，その除去が教師の役割になることを指摘しています。

この点に関して，次の第3節で解説したいと思います。

第3節　隠れたカリキュラムの作用

　教育の成果をあげようと考えたとき，まず教師が取り組むべきなのは，学級集団を支持的な風土，心理的安全性の高い状態，に育成していくことと，子どもの不安感を低下させる支援をしていくことです。それが「学級の空気」がいいと子どもに感じさせる近道です。
　しかし，そうした取り組みのハードルは極めて高いため，「隠れたカリキュラム」を援用する教師が少なからずいます。

1　「隠れたカリキュラム」とは

　学級集団の雰囲気である「空気」を理解するものの一つに，**隠れたカリキュラム**（hidden curriculum）」があります。「カリキュラム」とは，学校で教えられる教科目やその内容・時間配当などの教育計画を意味する用語ですが，「隠れたカリキュラム」は教育者が意図したものとは限りません。
　「隠れたカリキュラム」とは，カリキュラムの中にはないインフォーマルな知識，態度や行動や性向，意識や心理状態が，"意図しないままに"教師や仲間の子どもたちから，教えられていくものです。
　例えば，隠れたカリキュラムの中で培われることが多いとされるものとして，「男子」「女子」といったジェンダーによる社会的な役割演技や役割意識が挙げられます。また，子どもたちが，所属する学校の校風（例えば，ミッション系や進学校気質など）に染まるのも，その例と考えられます。
　子どもは学校（学級）に適応するために，「隠れたカリキュラム」の考え方や行動の仕方を，暗黙裡に無意図的に学んでいきます（Jackson, 1968）。
　学んで身につけていく流れには次の2つのものがあります。

(1) 教師期待

所属する集団のメンバーたち，特にその中で力を持っているリーダー（学級では，教師がそれにあたります）の評価を得るために，その考え方や態度・行動の仕方を，おもねって忖度しているうちに，結果として身につけていくものです。そうしないと，集団内で不利益を被ったり，叱責されたり，不適応になったりすることが根底にあります。

教師が自分や他の子どもに向けて行った言語的な指導行動（褒める・注意する・叱責するなど）や，非言語的行動（表情・語調など）に対して，子どもはそれを観察して，教師が期待する行動の意味を解釈します。教師が期待し評価するのはどのような行動か，評価せず叱責するのはどのような行動かを理解します。そして，その理解した心理的知識を基に，自分が有利になる，あるいは不利にならないように，学級内での態度や行動の仕方を修正し，演じていくようになります。

このようなプロセスを通して，隠れたカリキュラムが学級内に形成され（特有の「空気」ができ），それに合わせて子どもは自己の行動を変容させて身につけていきます（Darley & Fazio, 1980）。

(2) 儀式化

教師が奨励する考え方や行動の仕方を基にした，学級内で日常的慣習として日々行われるルーティン的な行動や，みんなからプラスの評価を受ける行動様式を，みんなと一緒に実行する体験を繰り返すことを通して，それらを儀式のように受け入れていく。そうして，子どもが教師の意図や考え方を身につけていくのが儀式化（ritualization）です（Erikson, 1977/1981）。

ルーティン的な行動とは，朝や帰り・授業開始や終了時のあいさつ，自分の意見の発表の仕方や友人の発言の聞き方，などです。

1970・1980年代に批判された画一的な教育において，学級のルールを細かく設定し，子どもたちが全体で画一的な行動様式をとるようにさせて

いったやり方は，まさに儀式化の手法です。教師の意図通りに子どもの態度や行動を画一的に方向づけ，学級集団をまとめていく手法です。そのような行動を繰り返しているうちに，徐々に習慣化して，子どもたちは，そのように行動することに違和感を感じなくなっていきます。

　また，子どもたちが教師に強い好意や畏敬の念を持っているときには，教師におもねるような忖度をするような行動様式が，みんなからプラスの評価を受ける行動になります。例えば，教師の指導の巧みさを称えるような言動や，教師の指導の下に学級の和や一体感が保たれていることを賞賛するような言動です。

　このような儀式化の過程で，学級内の子どもは，教師が意図する特定の態度や行動だけではなく，その考え方や価値観などから形成された集団的アイデンティティを身につけると指摘されています。カリスマ教師が担任を受け持ち，その言動をすべて妄信しているような学級の子どもたちも，このような状態にあると思われます。

　子どもは学び合っているのではなく，その教師に依存し服従しているので，その担任教師がいるときだけその指示に従う形になります。能力自体が開発されているわけではないので，担任が変わると，その学級が崩壊することも少なくありません。

　問題は，最初は教師の指示に従うことに抵抗があった子どもも，儀式化をされているうちに，徐々に「やらされ感」を感じなくなっていき，そういうものだと感じて，自ら取り組むようになっていく点です。

2　感化と学習動機

「隠れたカリキュラム」の作用は，一種の「**感化**」です。

　感化とは，人に影響を与え，その人の考え方や行動を変化させることであり，ものの考え方や生き方などを，強制したりすることなく，自然と相手に受け入れさせて身につけさせる作用です。人は，その所属する組織や集団の環境によって，また，交流する人々によって感化されるものです。

感化は，一概に，よい影響を受ける・よい方向へと変化するだけではなく，悪い影響を受ける・悪い方向に変化する場合もあります。「**朱に交われば赤くなる**」という有名なことわざがあるように，人は感化されやすいものです。

(1) 感化の視点から見る学習動機

　ここで注目したいのは，感化のポイントは，他者から教え込まれるのではなく，その考え方や行動を「自ら」取り入れていく点です。所属する集団や組織に，「自ら」取り入れざるを得ないような「空気」があるからです。もちろん，その集団や組織が好きで，「自ら」先輩や仲間の言動を真似して取り入れていく場合もあります。

　ただし，「自ら」での取り入れ方には，微妙な違いがあります。この感化の理解は，下記の学習動機の概念で考えるとわかりやすいです。「自ら」での取り入れ方の微妙な違いは，子どもの「学習動機」の差に表れるからです。

〔学習動機の種類〕
①**外的調整**
　教師に怒られたくないから勉強する。
②**取り入れ的調整**
　みんなにバカにされないように勉強する。
③**同一化的調整**
　いい大学に入るために勉強する。
④**統合的調整**
　将来，地域医療に貢献したいから，今から関連する学習をする。
⑤**内発的調整**
　星について新しいことを知るのが楽しいので，それに関連する学習をする。

取り組むべき内容を理解し興味を感じれば，「内発的調整」の方向の動機が強い子どもほど自ら能動的に取り組み，「外的調整」の方向の動機が強い子どもほど嫌々やらされている形で取り組むことになります。

第1章でもふれましたが，現代の日本の子どもは，**同一化的調整の動機が最も高く**，「勉強するのはいい高校や大学に入るため」という意識が強いことを押さえる必要があります。

その上で，どの動機のレベルで取り組むのかによって，子どもの自律性や意欲は大きく異なります。その差を生起させるのが，個人の性格特性の差であるとともに，所属する学級集団や集団内にある隠れたカリキュラムから生起した学級の「空気」です。

(2) 子どもの行動の背景にある学習動機のタイプの違い

子どもが行動する背景には，特定の動機づけがあります。前述の5つの動機のうち，いくつかの学習動機が合わさり，次のようなタイプに分類されます（西村ら，2011；西村・櫻井，2013）。

1）低動機づけ群タイプ
すべての学習動機が低い子どもたちです。

無動機ともいえ，学習する意欲がとても乏しくなっています。このタイプの子どもは，同一化的調整の動機も乏しく，意識として日本の学校社会から離脱している面があると考えられます。学習性無力感（p.7）などの個別対応が必要な可能性が高いです。

2）統制的動機づけ群タイプ
「外的調整～取り入れ的調整の段階」が強い子どもたちです。

罰や屈辱・罪悪感などをもたらす"嫌なことを避けるために"行動する形です。したがって，やらなかったら嫌なことにつながると感じさせる教師からの叱責やマイナスの評価や，学級内のクラスメイトからの辱めにつながる「空気」のプレッシャーがなくなると，その行動は低下してしまう

可能性が高まります。

3）自律的動機づけ群タイプ

「統合的調整～内発的調整」の段階が強い子どもたちです。

自分の欲求や意思で行動する形です。「統合的調整」はやるべきことが自分の価値感に位置づいており、「内発的調整」は好きでやっているという形なので、一つの目標を達成しても、さらに自らやるべきこと・やりたいことを見出して、発展させて行動していきます。

学級集団内に、心理的安全性の高さを感じさせる「空気」があるときは、このタイプの動機を持つ子どもは建設的な行動につながりやすいです。

4）高動機づけ群タイプ

すべての学習動機が高い子どもたちです。

自律的動機づけ群タイプと同様に、学業成績も高いことが指摘されています。

ただ、不安などが強い面も考えられ、それが「外的調整～取り入れ的調整」の高さなども関連していますので、精神的に不健康になってしまうことも指摘されています（西村・櫻井、2013）。

(3) 学級の「空気」の影響が少ない子ども

前項の「自律的動機づけ群タイプ」の子どもは、相対的に学級の「空気」の影響は少ないと考えられます。それは、この群の子どもは学習するにあたって、自分なりの価値観に位置づけられていたり、学習する意義を持っていたり、学習自体に面白さを感じているので、周りの環境に振り回されることが相対的に少ないと考えられるからです。

また、「低動機づけ群タイプ」の子どもも、相対的に学級の空気の影響は少ないです。この群の子どもは学習に対して無動機の様相があり、「どうせやってもできないに決まってる」というあきらめ感（学習性無力感）を強く抱いている可能性が高いです。学級の空気の影響を受ける以前の問

題を抱えており，その点ではまず個別支援が必要です。

(4) 学級の「空気」に影響を受けやすい子ども

学級の「空気」に影響を受けやすいのは，前述した「**統制的動機づけ群タイプ**」と「**高動機づけ群タイプ**」の子どもです。両群の子どもは「外的調整」と「取り入れ的調整」の学習動機が高いので，教師の評価や叱責の可能性，周りのクラスメイトから批判や中傷の可能性が含まれた学級の「空気」に過敏に反応する可能性が高いからです。

両群の子どもたちは，基盤に「勉強するのはいい高校や大学に入るため」という「同一化的調整」の動機があり，それを満たすやり方として，自分の意思や考え・感情を抑え，親や教師などの外部の人の指導の力に従って行動させられている，という傾向が強いです。そこに満足感が感じられないことが積み重なると，徐々に不適応になったり，無気力や過剰適応になったりしてしまいます。

相対的に学力が高い「高動機づけ群タイプ」の子どもと，相対的に学力の低い「統制的動機づけ群タイプ」の子どもという，一見大きく違うタイプに見える両群の子どもですが，両群の子どもの公約数として，どのような心理的特性があるのでしょうか。

この2つのタイプは，「自律的動機づけ群タイプ」の子どもと逆の，**自律性が低い傾向の心理的特性**を持っていると考えられます。学習するにあたって，以下の傾向があることが想定されます。

- ●自分なりの価値観に位置づけられていない。
  - ⇒・価値観が十分に形成されていない。
  - ・親に「いい学校に入ること」を刷り込まれている。
- ●自分の思いを抑えて，親の期待に従う傾向が強い。
  - ⇒・自己肯定感や自己効力感が相対的に低い。
  - ・自分なりに挫折を乗り越えた経験が乏しく，自分に自信がない。
- ●学習する意義を実感できていない。

⇒・キャリア教育が積み上がっていない。
　　　・自分が内発的に定めた目標を，自分なりに努力して達成できたという体験が乏しい。
●学習自体に面白さを感じられていない。
　　⇒・与えられた課題を高いレベルで達成することが喜びになっている。
　　　・好きなこと・得意なことが見つけられていない，また，取り組めていない。
●クラスメイトの評価を気にしすぎる・結果を気にしすぎる。
　　⇒・負けずぎらいな面がある。
　　　・競争意識が強い面があり，他者との協働性の構築が難しい。
　　　・結果を気にしすぎ，活動のプロセスを楽しめない。

　このタイプの子どもたちは，相対的に「自己肯定感」や「自己効力感」が低いことが想定され，無気力傾向あるいは過剰適応ぎみに学級生活・活動を送るようになってしまう可能性が危惧されます。不適応にならず，少なくとも学校には行ける状態で留まれているものの，精神的健康度はそんなに高くはないと考えられます。

　西村・櫻井（2013）の研究では，学級の空気の影響を受けやすい「統制的動機づけ群」の子どもは27.4％，「高動機づけ群」の子どもは28.7％と，合計で56.1％と過半数を超えています。さらに，より深刻な「低動機づけ群」の子どもは18.1％で，これらをすべて合わせると74.2％という危惧すべき現状です。望ましいと考えられる「自律的動機づけ群」の子どもは25.4％で，全体の1／4しか存在していないという現状が，我が国の学校教育が抱える大きな問題とも考えられます。
　どんなに素晴らしい授業計画を立てたとしても，その授業は学級集団の中で展開するので，学級集団の状態・学級の「空気」の如何によっては，教育成果は期待通り上がらない可能性が高いといえます。

なお、「心理的安全性」の考え方に出会ったとき、筆者は、子どもの頃に明治生まれの祖父から繰り返ししつけられた言葉を思い出しました。
　人の生き方として大事なことは、**「和して同ぜず」**であると。これは、孔子の論語の一節です。孔子は、人々との関わり方について「和」と「同」の二つの概念を挙げました。「和」とは、自分自身の考えや信念をしっかり確立した主体性を保ちつつ、他人と親しく交流し、互いに助け合うことができることです。一方、「同」とは、自分の考えがないままに他人の言動に同調することです。ただ他人に従って行動するだけで、自己の主体性や意見がない状態です。
　つまり、「和して同ぜず」とは、他人と協調しながらも、自己の主体性を保つことの重要性を示しています。
　それに対して、現在の学級で、多くの子どもたちは**「和せず同じる」**という、孔子が望ましくないと指摘している状態になっているともいえます。自分の価値観を大事にして行動していくというよりも、他者から批判されたりしないように、低い評価をされ不利益になったりしないように、リーダーや周りのメンバーたちにおもねるような忖度をしている状態です。
　これは目先の人間関係のトラブルを避けるためにとる安全行動です。このような安全行動ばかりとっていると、確かに目先の小さなストレスやトラブルは避けることができるかもしれませんが、人間関係を通した活動が協働学習となる適応行動をとることがなくなるため、長い目で見るとそのような経験から学ぶことも少なくなってしまいます。
　問題は、「安全行動をしたから、最悪な事態をまぬがれた」「もし安全行動をしていなかったら、最悪な事態が起きていたに違いない」と考えてしまうことです。なぜなら、安全行動をしなくても、実際は何とかなる、という経験をすることができなくなり、不安を避けようとする安全行動がやめられなるからです。
　したがって、まず、現代の子どもたちが不安を感じないような、安心できるような学級の「空気」のある学級集団の状態を形成していくことが求められます。

第4節　学級の「空気」に子どもたちが巻き込まれていくしくみ

　子どもの「個人の中にある要因」にもよりますが，子どもはどのようにして環境としての「学級集団の状態」，学級の「空気」に影響を受けていくのでしょうか。本節ではこの点について，深めていきたいと思います。

1　従来の人が外部の力で強制されていく流れ ―「権力」―

　校内暴力が広まっていた時代は，暴力の強さを持った人が，直接的な暴力や暴言で，他のメンバーの行動を自分の指示に従わせることがあったと思われます。また，バブルが終わる1990年代半ばくらいまでは，集団や組織内の先輩が後輩に，ポストが上位の人が下位の人に，上から強制的に指示・命令することはふつうのことだったでしょう。

　従来は周りから見える形で，人は外部の力で強制されて行動させられることがありました。このときの封建的なやり方の力が「**権力**」です。

　権力とは，「**ある人が自己の意思にそって他人または他集団の行動を強制する力**」です。

　前述した外的調整（p.24参照）の動機づけで子どもたちに行動させたり，勉強させたりしている教師は，この権力を直接的に行使している，と考えられます。

　しかし，2000年代頃から，露骨に権力を行使するような封建的なやり方はかなり少なくなってきました。職場などでの権力や地位の優位性を背景としたいじめや嫌がらせの意味の「パワーハラスメント（パワハラ）」という言葉（日本発祥の造語）も，社会に広まっていきました。職場におけるハラスメント対策はとても重視され，その結果，露骨に権力を行使するやり方は避けられるようになってきました。

そうしたなか，昨今の教師という職業は，その社会的地位が著しく低下し，保護者からのクレーム対応の多さ・難しさは，教員不足の深刻化（教員採用試験でもかつてのように受験者は集まらない）の要因の一つとも考えられます。

昨今の教師は，子どもや保護者に対しても，「教師」という社会的な「権力」に近いものは著しく低下し，かつ，外的調整の動機づけで子どもたちに指導することは，社会的に通用しなくなってきました。

このような中で，キャリア教育を徹底したり，子どもの興味・関心を大胆に取り入れた活動や学習を設定したりするなど，「統合的調整〜内発的調整の段階が強い子ども」を育成していくことが理想になってきました。ただ，この取り組みは難しいものです。

このような中で，理想的な「自律的動機づけ群」の子ども以外の，全体の3／4の子どもたちに対して，その「やらされ感」を感じなくさせる手法が，前述した隠れたカリキュラム（教師期待と儀式化）（p.39〜41参照）ともいえます。

その手法がたまたまうまくはまり，自ら率先してその流れで意欲的にやっていく子どももいます。ただし，このやり方は真に子どもの心理社会的発達を促進しないので，留意が必要です。

2　間接的に「権力」を行使していくやり方

現在は，社会的地位が上の人や権力を持つ人が，地位が下の人や権力を持たない人に「強制的に何かをやらせる」ような，封建的な直接的な言動は控えられるようになってきました。

しかし，周りからは見えない形で，個人の自由な言動を妨げ，「何かをやらせる」雰囲気がすべて払拭されたとはいえない面があります。なぜなら，権力を持つ社会的地位の人と，持たない社会的地位の人は，相変わらず存在するからです。

個人の意思決定や合意形成を行う際に，所属する集団や組織のメンバー

たちから，暗黙裡に，多数意見や，集団や組織を牛耳っている人の意図に同調しなければならないような心理的圧迫感を与えられる，これが，集団や組織の「空気」に従うしかなかった，という状況です。第1章の「不安とは」（p.9 参照）でも解説した例がまさにこれです。

　第1章第3節でも書きましたが，2007年頃から，女子高生の間でK＝「空気」，Y＝「読めない」で，「空気が読めない」ことや人のことを「KY」と呼ぶことが，メディアでもよく特集されたこともあり，流行しました。そして，「空気が読めない」ような立ち振る舞いをする人を否定するようなイメージが社会的に定着しました。

　さらに，近年の大学の授業では，自ら発表しない，指名されても当たり障りのないことしか発言しない「いい子症候群」（金間，2022）と呼ばれる学生たちが増えてきました。失敗して，傷つくことを恐れ，場の空気を読んで（KYにならないようにする），多数派に合わせて同調的に発言し行動するこの傾向は，グループディスカッションを取り入れた授業を展開することが増えた小学校・中学校・高校でも，報告されてきました。

　ここで問題なのは，行動する前に「空気」を読むことではありません。

　一般的に，その場の「空気を読む」ということは，場の状況が自分にとって好ましいと感じられたら，自分の考える行動を積極的に行い，否定的な反応が多いと感じた場合は，自分が現在とっている行動は修正して，自分も周りも共にOKとなるようにしていくということですが，そのこと自体は必ずしも悪いことではありません。

　大事なのは「『**空気**』を読んで『**どのように行動するか**』」です。多くの場合において，空気を読んだ後の行動が，「**ワンパターンで主体性がなく，後ろ向きになっていることが多い**」ことが問題なのです。

　これは，日本のことわざの「**長い物には巻かれろ**」の行動様式です。勝つ可能性の少ない強い相手には，抵抗せずに諦めて従ったほうがいい，その方が有利である，妥協して同調することが自分の身を守ることにつながる，という対処法です。

　しかし，実際には，もっと違う主体的な振る舞い方もあるのです。

例えば，「場の空気」が活気に乏しいと感じたら，自らその場を活気づけるために，簡単に取り組める協働的なイベントを提案して，周りに声をかけて率先して取り組んでいく。「場の空気」に一部の人が陰で物事を決定して動いている状況を感じたら，全体会議でそのことを提起し，透明で少数意見も活かされるような合議のあり方を提案するなどといった取り組みです。

　しかしながら，今日，上記のような行動は，「空気を読んでいない」「白けるね」と揶揄されることが非常に多く，それをした人は孤立や排斥に追い込まれる危険性が少なくありません。

　つまり，「権力」を誇示した直接の行使は時代的に差し控えられようになりましたが，権力を持たない人々が，権力者に忖度して，自らその意思を推察して暗黙の権力の行使に従おうとする風潮は今なお残っています。

　このようなプロセスを理解する概念は，**「権力」**と**「同調圧力」**です。

　現在では，組織や集団内で直接的な権力の行使という封建的なやり方は少なくなりましたが，同調圧力を駆使して，間接的に権力を行使することは，依然残っています。もしくは，間接的に権力を行使しようとする同調圧力に迎合するする人々は，依然として多くいるという現実があります。

3　「タテ」の同調圧力と「ヨコ」の同調圧力

　同調圧力（ピアプレッシャー）の英語 peer pressure の，peer は仲間，pressure は圧力です。つまり，ピアは，対等な関係を意味します。

　ピアグループとは，ほぼ同格な類似した人たちで構成されるグループです。具体的には，地域や家庭，学級集団，職場などで，年齢・社会的立場・境遇など特性が類似な人々のグループです。

　ピアグループ内では，周囲の人との和や全体の利益が重んじられ，所属する人は集団や組織で認められた規律や価値観，行動様式に従うように，集団や組織に同化するように暗黙の圧力が働きやすくなります。これが**同調圧力**で，所属する集団や組織のメンバーたちからの監視によって生じ

る，心理的圧迫感のことです。集団内で少数意見を持つ人が，多数意見に合わせるよう暗黙裡に強制されるものです。

　同調圧力によって，集団内のメンバーたちが，意思決定，合意形成を行う際に，暗黙のうちに多数意見に合わせるように誘導されることは少なくありません。

　ここで改めて，「権力」と「同調圧力」の関係を整理します。

　特定の上の地位の人が，自己の意思にそって地位の下の人または集団の行動を強制する力を「権力」といいます。集団・組織で認められた規律や価値観・行動様式をすべてのメンバーに従わせようとする・同化させようとする，ヨコ関係の暗黙の圧力を「同調圧力」といいます。

　集団内のメンバーたちに，この「権力」と「同調圧力」との交互作用が生起するとき，集団内のメンバーたちに，あるときは「タテ関係の同調圧力」が生じ，あるときは「ヨコ関係の同調圧力」が生じたりします。

(1) タテ関係の同調圧力

　戦後の昭和から平成の初期の時代までは，欧米に追いつけ追い越せという経済発展が目指された時代で，企業では終身雇用と年功序列が前提の「メンバーシップ型」雇用が採用され，所属する社員の上下関係が重視された，ピラミッド型組織が形成されました。

　中根（1967）の『タテ社会の人間関係』では，閉鎖的な集団や組織では，親子，上司部下，先輩後輩などの上下関係の序列が，能力よりも優先される，としています。そのような中で，親や教師，上司という社会的地位の高い人が低い人に対して，権力を直接的に行使して，自分の考えに従わせて行動させることはふつうのことでした。

　このようなことが集団の権力者によって繰り返し行われると，徐々にその集団のメンバーたちの中で，直接的に行使されなくても，権力者の意思を忖度して，自分たちでその意思にみんなで一体となって進んで従おうとする同調圧力が高まってきます。これが，p.40で解説した「教師期待」と「儀式化」のメカニズムです。

このようなメカニズムにより，権力者が直接的にその権力を行使しなくても，集団のメンバーたちは全員で，その権力者の考え方や期待に従わなければならないという「タテ関係の同調圧力」が，集団内に強まっていきます。このような「タテ関係の同調圧力」の強い傾向が，当時の社会全体の多くの組織で見られました（現在でも，結構残っていますが）。

　そしてその「タテ関係の同調圧力」に従って，学級内のすべての子どもたちが行動していくことで，学級集団は教師の意思通りの形で，ピラミッド型にまとまっていく流れができました。こうして形成されるのが管理型学級です。

　このような学級集団の中で，リーダーとなる子ども，「いい子」といわれる子どもは，教師期待を敏感に察知して，率先してその期待される行動をとるだけではなく，他の子どもたちもそのように行動するように働きかけていくので，教師に高く評価され，学級内で高いヒエラルキーを獲得することができました。

　1980年頃までの子どもたちに「先生の指示に従うのはなぜですか？」と問うと，多くの子どもたちは「先生だから」と答えています。つまり，当時の子どもたちは教師の社会的地位を尊重し，みんなで学級内の「タテ関係の同調圧力」に従っていました。

　しかし，2000年近くになると，そのような傾向は急速に弱まったことが報告されています（河村，2002）。

(2)　ヨコ関係の同調圧力

　平成に入って10年ほど過ぎた2000年前後，経済成長率は低下したものの，日本の社会はそれなりに豊かな生活が可能という認識が社会に定着していきました。「成熟社会」への移行です。

　成熟社会とは経済成長の代わりに，精神的な豊かさや生活の質の向上を優先させる，多様な個性と価値観を尊重し許容する寛容な民主的な社会（Gabor, 1972/1973）です。そして，社会における人間関係では，権力者が「権力」を誇示しその直接行使をすることは，倫理的に差し控えられて

いきました。

　そして，世界的なインターネットの普及とともに，情報・知識・技術がパーソナルに世界に流通する高度情報化社会が一気に進み，みんなが対等にそれらを享受できるようになりました。SNSの普及を経て，社会の人間関係はタテの関係からヨコの関係への比重が高まっていきます。

　SNS（Social Networking Serviceの略）とは，インターネット上のコミュニティサイトのことで，様々な種類があります（「LINE」「Facebook」「Instagram」など）。ユーザー（個人も企業も活用しています）が情報発信できて，ユーザー同士でつながることができます。

　このような社会の変化は，子どもの世界にも及びます。

　文部科学省（2011）が指摘した近年の子どもの問題は，直接コミュニケーションの経験が少なく，友人関係の距離のとり方がわからなくて気をつかうという点です。それを補う間接的コミュニケーションとして，SNSの活用が，急速に子どもたちに広がった面もあると思います。

　しかし，SNSの活用が爆発的に増える中で，友人関係がデジタルに可視化され，その情報が多すぎるために，かえってSNSの情報に振り回されるという事態も起こってきました。それにより，気をつかうこと，そこから不安になることが多くなってしまうというマイナスの作用も起こってしまっています。

　例えば，仲間同士のうわさ話や世間話などの私的なものも，SNSのX（旧Twitter）やLINE，ブログに書き込まれると公になってしまうこと。フォロワー数，「いいね！」の数，LINEのグループ，送ったLINEに対して誰が既読となったかなど，友だち関係の情報が露骨に見えてしまうこと。さらに，スマホを使った秘密のコミュニケーションも，けんかをきっかけに第三者に流出する可能性があり，それが誹謗中傷を生む，そのため本音が出しづらいなど気をつかうこと，などなどです。

　まめにSNSで連絡を取っていないと不安だけど，不用意に他人の事情には立ち入ってはいけない，裏では何を考えているのかはわからないので本音は言えない，などと思うような表面的な関係性の維持に汲々とするこ

とが多くなると，子どもたちはますます不安が高まってしまいます。

その結果，学級集団でも不安が強くなり，周りの子どもたちから恨まれたり妬まれたり批判されたりしないように，自分の本音の思いや感情を抑えて，周りの多数派の子どもたちの考え方や行動の仕方に，自ら能動的に同調していくようになっていきます。一人だけ目立つような態度をとったり，行動したりすることは，避けるようになっていきます。

このような行動を大多数の子どもたちがとるようになると（個々の子どもが「みんながそのようにしている」と思うようになると），学級集団内ではみんなと同じように行動しなければならないという「**ヨコ関係の同調圧力**」が形成され，強化されていきます。

現代の子どもたちは，このような学級集団内の「ヨコ関係の同調圧力」に過敏になり，従来，気の許せる存在だった学級の友人たちにも，疑心暗鬼になってしまう傾向があります。

こういう状況の中で，現代の子どもたちは，ある部分で，友人をつくることがとても難しくなっており，相手に非常に気をつかい，傷つきたくないために，大きな距離をとる友人関係を形成する傾向が見られるようになっています。

(3) 同調圧力に従った結果

間接的な「タテ関係の同調圧力」や「ヨコ関係の同調圧力」に従ってしまうということは，ある意味，「**過剰適応**」の傾向から生起していると思われます。

過剰適応の，必要以上に周囲の期待に応えようとして他者志向的な「外的適応の過剰」となる傾向は，「**周りから悪い評価をされたら最悪だ**」という強い心配からくるものです。

無理をした自己抑制的な「内的適応の低下」の傾向では，継続してそのような対応をしていて，徐々にこんなものだと学習性無力感を感じるようになり，その痛みに対して鈍麻してきた面があると考えられます。

SNSの活用が急速に定着した現在の社会では，間接的な「タテ関係の

同調圧力」よりも「ヨコ関係の同調圧力」に従う比重が，徐々に増えてきた感があります。

　2000年代に入って，大学も，教授たちが大学生に対して「タテ関係の同調圧力」ともいえるアカデミックハラスメント（教育研究上の地位や権限などの優位性を背景に支配する）の問題が注目され，それに対する規制と教育が徹底されてきました。

　しかし，このようなハラスメントに対する意識は，同じ大学生たちの友人関係においても広がり，徐々に強化され「ヨコ関係の同調圧力」としての様相を帯び，学生たちは，その空気に過敏になっています。近年の青年は，同じ大学の友人関係にも過剰適応ぎみに対応をする状態になっています。そして，そうした傾向は，高校生・中学生にも広がっています。

　そんななか，近年の青年は，「友人関係は変化の大きな社会の中でも大事なものという理想を持つ」ものの，「なかなか理想の友人はつくれない」という難しさ・寂しさを感じています（武蔵・河村，2022）。

　お互いに率直に自己開示し，何でも言い合える関係にならないと，理想の友人関係は形成できないと理解してはいます。しかし，自分が本音を出したら拒絶されるかもしれないという不安が，能動的な行動を強く抑制してしまいます。この不安を生む要因は，「ヨコ関係の同調圧力」を生む，次の2つの要因です。

- 直接コミュニケーションの経験が少なく，友人関係の距離のとり方がわからなくて気をつかうという点
- 友人関係がデジタルに可視化され，その情報が多すぎ，逆に振り回されている点

　近年の青年たちは，友人関係を欲しないのではなく，友人関係に理想を抱きながらも，その構築の難しさ，友人関係が壊れたときの心理的苦痛を考えると，以前の青年たちのように，気さくに関わり合えない状態になっているのだと思います。

4　同調圧力と学級の「空気」の関係

　ここまで見てきたように，学級集団にはその学級の「空気」，そして同調圧力が存在します。本項では，それを整理します。最初にその「空気」が子どもにもたらす代表的なメッセージ例を示し，その後，その「空気」，そしてそこに存在する同調圧力に関して解説します。
　学級には，「同一化的調整」の動機に基づくといっていい，下記のような「空気」が存在しがちです。

- ●「いい高校や大学に入るため」にしっかり勉強しなければならない。
- ●いい大学を卒業しないと一生苦労するので，今からしっかり勉強を頑張って，いい中学校―高校―大学に入らなければならない。

　これは特定の学校や学級というレベルではなく，日本の子どもたちの多数がすでに持っているもので，それが学校で授業を受けているときに，自分の内側から出てきた意識と，授業時の刺激が合わさって，〜しなければならないという「空気」と感じてしまうものです。
　なかには，「いい高校や大学に入るため」にしっかり勉強することを，ストレートに前面に出して指導している教師もいることでしょう。そして，忘れてはならないのは塾です。2021（令和3）年度の統計では，全国の平均値で公立中学校に通う子どもの70.4%が塾に通っています（文部科学省，2022）。そこでは，同一化的調整の動機を喚起される子どもたちは少なくないと思います。同一化的調整の動機に基づく学級の「空気」の影響は，いろいろな面ですべての学級の「空気」の基盤となります。
　加えて，学級の「空気」の大きな基盤として，子ども同士の間に流れる，他者の評価を気にし，「目立つ」ことをよしとしない同調圧力もあります。それが，子どもたちの積極的な行動を抑制する可能性を高めます。
　これらの空気を基盤に，さらに，個々の学級集団の状態に応じていくつ

かのタイプの「空気」が生起してきます。以下に，順に説明していきます。

(1) 直接的なタテ関係の同調圧力に基づく学級の「空気」

●教師の指導する学級の目標の達成を目指して，定められたルールに従って，規則正しく行動しなければならない。
●叱責されたり，評価を下げられたりするので，教師の指示には従わなければならない。

　上記のような学級の「空気」は，1990年代までは多くの学級で生起していました（河村，2021）。
　その後，「教師」という社会的な「権力」は著しく低下し，かつ，それを直接的に用いて子どもたちに指導することは，社会的に通用しなくなってきたことはp.49で説明しました。
　現在，直接的なタテ関係の同調圧力による指導は，かつて有名選手だった監督が指導している部活動のチームなどでしばしば見られたり，荒れている中学校や，有名大学の進学率を看板にしている進学校など，一部の環境でまだ見られたりします。また，小学校の低学年や中学年の学級で，一定数この傾向が認められることがあります。
　なお，かつてより大きく減少しましたが，このような学級の「空気」が嫌で，その「空気」に反抗する子どもも見かけられます。この場合は，明確に教師への反抗があります。

(2) 間接的なタテ関係の同調圧力に基づく学級の「空気」

●みんなで決めた学級の目標の達成を目指して，みんなで決めたルールに従って，みんなと同じように規則正しく行動しなければならない。
●教師をがっかりさせないように，全員がしっかりと生活や学習に取り組まなければならない。

●学級のみんなの「和」を乱してはならない。

　この「みんなで決めた」という部分に，教師の期待に進んで応えようとする，おもねるような忖度の傾向があり（それが意識されていない場合もあります），この動きをリーダー的な子どもたちが音頭をとって，集団主義的に推進していく傾向があります。議論しても教師の隠れた期待を反映した，予定調和的な結論に至ることが少なくありません。そのため，個人の独創的な意見や，少数意見は言い出しにくい面があります。このような学級にいる子どもたちには，表面的には，次の『ヨコ関係の同調圧力に基づく学級の「空気」』に感じられることも少なくありません。

　この「空気」がある学級は，外からは，とてもまとまったいい集団に見えます。メンバー間の関係もいいのですが，実はピラミッド型の集団になっていることが多いです。

　個性的な子どもは，このような学級の「空気」が苦手で，その「空気」に反抗したくなることもありますが，そのような行為はみんなへの裏切りととられることが多いので，抑え込まれてしまうことが多いです。

(3) ヨコ関係の同調圧力に基づく学級の「空気」

〈小グループ内に対して〉
●学級の中でみんなから孤立したり，みんなから嫌われたりすると最悪なので，グループのメンバーとは仲よくしていなければならない。
●学級の中に居場所がないとつらいので，グループのメンバーから嫌われないように，同一行動をとらなければならない。
●グループのメンバーから浮かないように，同じ行動をとったり，共通の敵の陰口を言ったり，期待されるキャラを演じなければならない。

〈全体に対して〉
●みんながどういう人たちかわからないので，距離をとり，変に関わらない方が無難である。

●自分が損をしたり，傷ついたりしたくないので，最低限の行動だけをしていた方が無難である。班長などしたら面倒なので，絶対避けるべきである。

　上記の傾向は，2000年代から見られ始め，コロナでの3年間の自粛を経た現在，非常に多くなってきた学級の「空気」です。
　子どもたちは学級集団の一員という意識が乏しく，身近な数人の小グループのメンバーたちと仲よくやれていればそれでいいと考えます。他のグループの子どもたちへの関心は乏しく，学級全体で取り組んでいるはずの学校行事でも，小グループのメンバーたちと内輪で楽しもうとします。
　このような子どもたちは，ずっと一緒にいて，SNSでもまめにつながっていますが，深いつき合いはなく，その場を楽しく過ごす，ノリで物事を進める感じです。そして，グループのメンバーには嫌われないように，グループ内の「空気」にナーバスな関心を持ち，同調的な態度や行動をとっています。「学級全体」といった意識はないのですが，その中で孤立することにとても恐れを持ち，身近な小グループに依存しています。
　こうした学級の空気があるクラスでは，本項の冒頭に記したように，子どもたちは学級での組織的な活動に組み込まれるのを嫌悪する傾向があります。

(4)　無気力的なヨコ関係の同調圧力に基づく学級の「空気」

●学級のメンバーは関係ないので，教室にいるときは，変に関わらない方がいい。
●学級内では何かすると面倒なので，最低限のことだけやっているのが無難である。

　こうした学級では，学級内に無気力な雰囲気が漂っています。何とかしようという意識も乏しくなっているので，学級では表面的な出来事に，軽

いノリで関わっている状況です。意識的に何かをやろうとすると，面倒くさい人と思われてしまうので余計なことはしない方がいいという，子どもの自律的動機を低下させる「空気」があります。

　この学級集団は，前述の(3)の学級集団と比べても，学級のルールの確立と人間関係の形成が共に低い状態です。子どもたちはどう活動していいかわからない，混沌としている状態です。

　(3)(4)の学級集団の状態は，子どもたちの自律的な動機を低下させるような，学級の「空気」をもたらします。それに対して，以下の学級集団では，よりネガティブな，子どもたちの行動を防衛的なものにする強い学級の「空気」があります。

(5) ネガティブなヨコ関係の同調圧力に基づく学級の「空気」

〈全体に対して〉
- ●陰で何を言われるかわからないので，バカにされないような態度や行動をとらなければならない。
- ●全体とは最低限の関わりにして，他のグループとは大きな距離をとることが無難である。

〈小グループ内に対して〉
- ●誰から攻撃されるかわからないので，本当に信じられる友人以外は，気を許さないようにしなければならない。

　(3)の状態でいたい子どもたちが，学校生活や学級活動の交流をしなければならない中で，グループ間の軋轢やトラブルが起こってくると，学級は，相互に距離のある小集団の乱立から，ネガティブな相互作用が出てきます。

　このようなときは相互にしっかり話し合えればいいのですが，不安でかえって距離をとり，他のグループのことを類推し合うようになるので，学

級内には徐々に疑心暗鬼が広がっていきます。依存している小グループ内でも悪い面が強まっていきます。全体がより不安定に感じられると不安が高まり，小グループのメンバーたちと一緒に，他のグループを敵対視して陰口などを言うことで発散し，自分たちの結束を固め不安を軽減させる流れです。

ただし，このような行動は小グループ内のメンバー同士の真の信頼感を低下させていきます。このような状態になると，学級での活動や学習の成果はどんどん低下してしまいます。

(6) 非常にネガティブなヨコ関係・タテ関係の同調圧力に基づく学級の「空気」

〈全体に対して〉
- この学級はどうしようもないので，何も期待しないで，最低限の所属だけをしていることが無難である。
- 教師も含めて嫌な人ばかりで，いつ攻撃されるかわからないので，なめられないようにしていなければならない。
- クラスを牛耳っている子やグループに狙われないように，機嫌をとるような態度や行動をしなければならない。

〈小グループ内に対して〉
- グループ内の人も信用はできないので，ほどほどの関係で行動しなければならない。

学級内の小グループ間の対立が続くと，学級は集団として崩壊してきます。以前は，このような状態になると暴力や暴言が見られる荒れた状態になりましたが，現在は，素早く学級を見限り，所属意識も喪失して，烏合の衆のようになっている学級が多くなってきました。

こうなると，学級はもはや教育環境ではなくなってしまいます。かつては「大きな荒れ」という形でしたが，現在は**「静かな荒れ」**の形です。

直接的に大きな手がかからないので,「大きな荒れ」と比べれば問題は少ないと捉えるむきもあるかもしれませんが,事態はより深刻だと思います。人間関係の良好さの指標として,最悪なのは,「憎しみ合う」ことではなく,「**無関心**」です。

「静かな荒れ」の形の学級崩壊は,大きなトラブルは少ないものの,学級集団は子ども同士の学びにつながる相互作用が枯渇しており,学習性無力感(p.7)を感じる状態になってしまっています。このような状態が,現在の不登校の子どもが激増した背景にあると考えられます。

現在の学校教育では,「資質・能力」の獲得が目指されていますが,このような状態は,子ども同士が学び合う機能が喪失した「学習集団不成立型」の学級崩壊であるといえます。しかし,教師にしてみると,以前のように暴力的なトラブルもあまり見られないので,問題の重大さに気づかれていない面もあると思います。

なお,このメカニズムの詳細については,第4章(p.112)で解説します。

5　自律的動機を高める同調圧力のある学級の「空気」

最後に,同調圧力は,すべて悪い作用を及ぼすわけではなく,建設的でほどよいものでしたら,子どもの自律的動機を高めたり,行動化を促したりする場合もあります。

例えば,下記のような,理想の望ましさを追求するようなものです。

- ●温かくて安心でき,みんなから大事にされている雰囲気がある。
- ●学級では自分らしくいられ,自然体で行動できる。
- ●学級のみんなといると,元気が出て,頑張ることができる。
- ●みんなといると,いろいろなことに自分もチャレンジしたくなる。

このような学級の「空気」が生まれる学級集団は,まさに学校教育をす

る場として理想の状態です。子どもは人間関係の不安がなく，様々な学級活動に他のメンバーたちと率直に建設的に関わることができ，そのプロセスから自律，協力，自主性，リーダーシップなどの資質を獲得していくことができます。

このような学級集団には，「支持的風土」(p.32) があり，心理的安全性が高いです。そして，**自律的動機を高める同調圧力のある学級の「空気」**は学級集団内の**集団効力感**を高めます。集団効力感とは，集団全体が「我々は目標を達成できる，成功できる」と認識する有能感，自信のことです。

集団効力感が高い学級集団の中で，子どもたちは，「この学級の仲間たちとなら，一緒に頑張れる」「この学級の仲間たちとなら，大きな目標にもチャレンジできる」と思えます。高い集団効力感を持つことで，所属する子ども個々の「自分もできる」という自信である自己効力感も向上していきます。

学校現場の問題は，「**学級集団内の人間関係に，信頼感の構築，メンバー個々の多様性と個性の尊重，対等な関わり合い，前向きに変化していこうという雰囲気の喚起と行動化を，どのように構築していくのか**」が，しっかり確立されていないことです。

そのため，いろいろな学級の「空気」がある学級集団の状態が現出してしまい，問題となっています。

前述した，4の(3)(4)(5)(6)の「空気」がある (p.59～63) 学級集団では，自律的動機を高めるような，ほどよい同調圧力となる理想の学級の「空気」の学級集団とは逆に，集団効力感が段階的に低くなっていきます。(3)(4)の「空気」がある学級集団の状態は，子どもたちの自律的な動機を低下させ，(5)(6)の「空気」がある学級集団の状態に至ると，「このメンバーとはどうせわかり合えない」「どうせやってもうまくできない」「やるだけ無駄」という学習性無力感につながる学級の空気が広がってしまいます。学習性無力感とは，「どうせやっても仕方がない」という「自己効力感と正反対」の概念です。

このような様々な「空気」を生起させる学級集団の状態は，所属する子どもたちの構成だけで規定されるものではありません。同じ学級集団でも，親和的・建設的な人間関係を形成する行事，逆に，学級全体をゆるがす大きなトラブルがあると，学年の途中でその「空気」が大きく変化する場合も少なくありません。(5)(6)の「空気」がある学級集団でも，次の年に学級編成替えがない（子どもたちの構成に変化がない）のに，担任教師が変わった後，学級の「空気」が一新された事例も少なくありません。

　このように，学級に所属する子どもたちの構成を，教師個人が恣意的に変えることはできませんが，子どもたちの関わり合いや活動の構成を工夫して設定することはできます。集団効力感の高い学級集団を形成する教師たちは，学級集団づくりに一定の共通点があることが指摘されています（河村，2012）。

　学級の「空気」を建設的なものにして子どもの自律的動機を高めるためには，学級集団づくりの工夫が不可欠なのです。

第5節　配慮を要する子どもへの学級の「空気」の影響

　学級の「空気」の影響の受けやすさには，子どもの特性によって差があります。

　本節では発達面を踏まえて，特に留意が必要な子どもについて見ていきます。

　学級の「空気」の影響を受けやすい子どもとして，発達障害の子どもや，不安が強い，心理的に過敏な子どもなど，特別に個別な支援が必要な子どもがおり，現在の学級では，こうした子どもは学級内に一定数います。

　本節では，通常学級に所属している，そうした傾向を持った子どもたちについて，担任教師が押えておくべき点について解説したいと思います。

1　発達障害の子どもへの影響

　多民族の人々がいる欧米などの国々では，文化や考え方の違いがあることが当たり前で，自分の考えや価値観は，言葉にしないと伝わらないことが多いです。そのため，コミュニケーションでは，言葉にした明確なやりとり，「自己主張」する力が重視されます。

　それに対して我が国では，島国ということもあってか，同質な人々が多いと考える風潮があり，自分の考えや価値観はわざわざ口にしなくてもわかるとされがちで，相手の気持ちを「察する」力が重視される傾向があります。

　相手とのやりとりで，相手が口にしない裏の意図を読み取り，気づかいや，思いやりを持った行動をできることが「できた人」と評価されます。逆に，集団や組織の空気が読めなかったり，暗黙のルールから逸脱したりすると，批判されたり，低く評価されてしまいます。

　学校という場でも，発達障害の子どもたちは，その障害特性ゆえに，学級の空気や暗黙のルールがわからず，さらに，相手の口にしていない気持ちを察することができず，周りから誤解されやすく，人間関係がうまくいかないことが多いです。下記に，代表的な発達障害のタイプごとに説明します（河村，2017）。

(1)　ASD（自閉症スペクトラム）

　ASD（Autism Spectrum Disorder）の子どもには，相手の表情や態度などの非言語の読み取りが特に苦手，という特徴があります。具体的には以下のようなケースです。

- ●相手の気持ちをくみ取ることが苦手で，相手の気持ちを考えることが少なく，気の利いたリアクションができない。
- ●周りの空気や，相手の気持ちを察しないで，本音をズバズバいうこと

があり，煙たがられる。
● 「考えておきます」という断りの言葉の意味がわからずしつこくするなど，我が国特有の遠回しの言い方や，曖昧な表現が理解できず苦手である。
● 学級のルールや社会常識に杓子定規にこだわり，周りの状況に合わせて柔軟にアレンジして行動することができない。

ASDの子どもは，学級内に一定以上の型にそった協働活動が展開されることが多い，
　・直接的なタテ関係の同調圧力に基づく学級の「空気」
　・間接的なタテ関係の同調圧力に基づく学級の「空気」
がある学級集団では，人間関係の軋轢が生起することが多くなり，他の子どもたちから排斥される可能性が高まります。

また，ASDの子どもは，学級内に型にそった協働活動が少なく，子どもたちが小グループで固まることが多い，
　・ヨコ関係の同調圧力に基づく学級の「空気」
　・無気力的なヨコ関係の同調圧力に基づく学級の「空気」
がある学級集団では，小グループに入ることができずに孤立する可能性が高まります。

(2) ADHD（注意欠如・多動性障害）

ADHD（Attention Deficit Hyperactivity Disorder）の子どもには，落ち着きがなく，忘れっぽいので，空気が読めない，気づかいができない，という特徴があります。具体的には以下のようなケースです。

● 周りの人たちの気持ちを考えず，周りの空気を読まず，絶え間なくしゃべり続け，浮いてしまう。
● 相手の気持ちを察せず，周りの空気を読めず，会話の話題を自分の思ったことにコロコロ変えてしまい，相手を不快にさせてしまう。

● いろいろなことに気が散ってしまって，相手との会話に集中できず，スマホをみたりする。急に席を立ったりする。

　ADHDの子どもはASDの子どもと同様に，学級内に一定以上の型にそった協働活動が展開されることが多い，
　・直接的なタテ関係の同調圧力に基づく学級の「空気」
　・間接的なタテ関係の同調圧力に基づく学級の「空気」
がある学級集団では，集団のルールを守れないことが多くなり，和を乱す人として他の子どもたちから排斥される可能性が高まります。
　また，ADHDの子どもは，学級内に型にそった協働活動が少なく，子どもたちが小グループで固まることが多い，
　・ヨコ関係の同調圧力に基づく学級の「空気」
　・無気力的なヨコ関係の同調圧力に基づく学級の「空気」
がある学級集団では，似たタイプの子どもたちと小グループを形成して自己中心的な活動をする可能性が高まるか，ASDの子どもと同様に，小グループに入ることができずに孤立する可能性が高まります。

(3) LD（学習障害）

　LD（Learning Disabilities）の子どもには，全般的な知的発達に遅れがないものの，特定の知的活動，例えば「聞く」「話す」「読む」「書く」「計算・推論する」能力に困難が生じるという特徴があります。具体的には以下のようなケースです。

● 文字が読めないわけではないが，文章を読むのが極端に遅く，読み間違えることがよくある。
● 考えた内容を書いて表現することが難しかったりして，長い文章を作成することが苦手。メールの文章が極端に短い。
● 相手の話を聞きながらメモを取ることが苦手である。
● 簡単な計算を間違えたり，数系列の規則性などの習得が難しい。

●日付や時間を間違えることが度々ある。

　LDの子どもは，学級内に一定以上の型にそった協働活動が展開されることが多い，
　　・直接的なタテ関係の同調圧力に基づく学級の「空気」
　　・間接的なタテ関係の同調圧力に基づく学級の「空気」
がある学級集団では，一斉授業についていけないことが多くなり，徐々に孤立する可能性が高まります。
　同様に，LDの子どもは，学級内に型にそった協働活動が少なく，子どもたちが小グループで固まることが多い，
　　・ヨコ関係の同調圧力に基づく学級の「空気」
　　・無気力的なヨコ関係の同調圧力に基づく学級の「空気」
がある学級集団では，無気力になり小グループに入ることができずに孤立したり，特定の小グループの末端に依存的に入ったりしている状態になる可能性が高まります。

　以上のことから，ADHD，ASDやLDの子どもたちは，周りの人たちからは，怠けている，努力不足であると見られ，信頼を得られず，人間関係がギクシャクすることが多いです。
　そして，学級内に人間関係の軋轢やトラブルを抱えて子どもたちの欲求不満やストレスが高まって，
　　・ネガティブなヨコ関係の同調圧力に基づく学級の「空気」
　　・非常にネガティブなヨコ関係・タテ関係の同調圧力に基づく学級の
　　　「空気」
がある学級集団では，他の子どもたちのストレスの発散の対象になって排斥される可能性が高まります。

(4) 発達障害の子どもたちに関する学級の「空気」への配慮
　発達障害の子どもには，障害特性に応じた支援，必要なスキルの習得を

計画的に行い,「二次障害」を予防することが大事です。

　二次障害とは,発達障害などの一次障害を要因として,周りからの理解が得られなかったり,注意や叱責をされ続けたりと,不快な経験をすることで自己肯定感が低下し,うつ病,不安障害,ひきこもりなどの症状が発生する状態です。

　発達障害の子どもに必要なのは,**「補助自我的支援」**（河村,2018）です。自律的に自己選択し,自ら行動できない人に対して,そばにいて,自己選択を支えたり,目標達成ができるまで行動できるように励ましたり,適切な行動ができるようにアドバイスするなどの支援をしたりすることが,補助自我的支援です。「補助自我」とは,支援する人のそばにいて,その人の自発的な活動や,内面の感情や本音の思いの表出の明確化を,促進する役割をとることです。これを教師が担うのですが,特別支援員がつく場合もあります。

　もう一つの支援は,**アドボカシー**です。アドボカシーとは,自分の意思をうまく伝えることのできない人に代わって,相手や周りの人に,その人の意思や権利を伝える支援です。主に,医療や福祉の現場で活用されている支援方法で,アドボカシーを行う人を,アドボケートと呼びます。つまり,教師がアドボケートになり,自律的に行動できない人に関して,このアドボカシーを行います。情報を伝えたり,感情を代弁したり,適切な行動を教えたりして,協働活動でより適切な行動がとれるようにしていきます。

　同時に,周りのメンバーたちに対しても,このような人の思いや,情報を伝えたり,感情を代弁したりして,誤解を解き,より理解し合えるように,より適切な行動がとれるように,調整してあげることも求められます。このようにして,グループから浮いてしまったり不適応になったりしてしまうのを,予防する取り組みが必要です。

2 刺激に対してとても敏感な子ども（HSC）への影響

(1) HSCの子どもの特徴

HSP（Highly Sensitive Person）とは，心理学者のアーロンが提唱した概念（Aron, E. N. & Aron, A., 1997）で，HSPの特性を持つ子どもがHSC（Highly Sensitive Child）です。HSCの子どもとは，感受性が極めて強く，感覚や人の気持ちに敏感で傷つきやすいです。このような敏感さは，病気・障害ではなく，感情の中枢部分の扁桃体が過剰に活動して，不安や恐怖を感じやすい状態になっているという生まれ持った気質です。子どもの5人に1人はHSCであると報告されています（Aron, E. N. & Aron, A., 1997）。

HSCの子どもも，学級の空気にとても敏感に影響を受けます。学級などで多くのクラスメイトと一緒に生活し，協働活動をしていく状況は，生きづらさを感じやすく，不登校になる可能性も高いです。

HSCの子どもが持ちがちな「4つの特徴」（頭文字をとって「DOES」と呼ばれています）を，以下に説明します（Aron, 2002/2015）。

1）D：プロセスを深く処理する（Depth of processing）

物事を深く考え，深読みする傾向があり，「失敗したらどうしよう」「相手が不快になったらどうしよう」と不安になり，行動を起こすまでに時間がかかります。周りからは消極的や優柔不断と評価されることもあります。

- 慎重すぎて行動化が遅くなる。
- 完璧主義になりやすい。
- 少しでも疑問に感じたことを何度も質問してきたり，教師も驚くような深く考えた質問をしたりしてくる。

2）O：過剰に刺激を受けやすい（Overstimulation）

　視覚，聴覚，触覚，味覚，嗅覚の五感が敏感で，ちょっとした変化，小さな刺激・痛みに対して大きく受け止めやすい特性です。人混みや騒音などの刺激が多いと疲れやすいので，学級での集団生活・活動では，音や他人の動き，感情などの刺激が大きいため，とても疲れを感じやすく，適応感を低下させてしまいます。

●服の縫い目，肌ざわりを気にし，汚れたりすると着替えたがる。
●突然声をかけられるとビクッとして固まることがある。
●人の多い騒がしい場所を嫌がり，静かに遊ぶのが好きである。
●音や匂いに敏感である。
●小さな痛みにも大げさに反応する。

3）E：共感しやすい（Emotional response and empathy）

　他人の感情の変化を敏感に察するので，喜びや楽しみなどのポジティブ面と，怒りや悲しみなどのネガティブ面まで，他人の感情の変化に強く反応しやすいです。泣いている人を見ると自分も悲しくなってしまう，教師からクラスメイトが怒られているのを見て，自分事のように受け止めて悩んでしまう傾向があります。周りからは「気にしすぎ」「被害妄想」といわれ，本人は傷ついてしまうことが少なくありません。

●親や教師の感情に敏感で，応えようとする。
●クラスメイトの痛みや苦しみに気づきやすく，気をつかう。
●知らない人がいると不安になり実力が出せない，関わろうとしない。

4）S：ささいな刺激を察知する（Sensitivity to subtleties）

　観察力や共感力に優れているため，小さなこと，周囲の人の服装や髪型などの微妙な変化，他人の感情の変化にも敏感で，疲れやすく自分と他人の感じ方の違いに悩むことが多くなります。

●環境や予定された計画の大きな変化が苦手である。
●入試や試合，修学旅行などの前後は興奮して寝つけないことが多い。
●叱られたり，失敗したりしたことを引きずりやすい。

(2) HSC の子どもたちに関する学級の「空気」への配慮

前述した「DOES」の特徴を持つ HSC の子どもは，学級内に一定以上の型にそった協働活動が展開されることが多い，

・直接的なタテ関係の同調圧力に基づく学級の「空気」
・間接的なタテ関係の同調圧力に基づく学級の「空気」

がある学級集団では，不安定になる可能性が高まります。

HSC の子どもへの対応の前提は，HSC の特性をしっかり理解した上で，学級内でも安心できる生活習慣を担保してあげることが必要です。

そこで，学級内では，以下の条件を満たせるように，配慮してあげることが大事です。

●決まった場所で，習慣的な過ごし方ができるような環境を用意する。
●本人が熱中できるものを見つけ，本人のペースで取り組めるようにする。

以上のような配慮を続けることで，HSC の子どもも心を安定させることができるようになり，自己肯定感が上がっていくと思います。このような子どもには，ほどよい同調圧力の学級の「空気」の学級集団に所属できることが理想です。

【文　献】

Aron, E. N.（2002）. The highly sensitive child：Helping our children thrive when the world overwhelms them. New York：Broadway Books. 明橋大二（訳）（2015）. ひといちばい敏感な子．１万年堂出版．

Aron, E. N. & Aron, A.（1997）. Sensory-processing sensitivity and its relation to introversion and emotionality. *Journal of Personality and Social Psychology*, **73**, 345-368.

Darley, J, M. & Fazio, R, H.（1980）. Expectancy confirmation processes arising in the social interaction sequence. *American Psychologist*, **35**, 867-881.

Edmondson, A. C.（1999）. Psychological safety and learning behavior in work teams. *Administrative Science Quarterly*, **44**, 350-383.

Edmondson, A. C.（2012）. Teaming : How organizations learn, innovate, and compete in the knowledge economy. San Francisco : Jossey-Bass. 野津智子（訳）（2014）. チームが機能するとはどういうことか. 英治出版.

Edmondson, A. C.（2019）. *The fearless organization : Creating psychological safety in the workplace for learning, innovation, and growth*. New York : John Wiley & Sons. 野津智子（訳）・村瀬俊朗（解説）（2021）. 恐れのない組織――「心理的安全性」が学習・イノベーション・成長をもたらす. 英治出版.

Erikson. E. H.（1977）. *Toys and reasons : stages in the ritualization in experience*. New York : Norton. 近藤邦夫（訳）（1981）. 玩具と理性――経験の儀式化の諸段階. みすず書房.

Gabor, D.（1972）. The mature society : A view of the future. Martin Secker & Warburg. 林雄二郎（訳）（1973）. 成熟社会――新しい文明の選択. 講談社.

Jackson, P.（1968）. *Life in Classrooms*. New York : Holt Rinehart & Winston.

金間大介（2022）. 先生, どうか皆の前でほめないで下さい――いい子症候群の若者たち. 東洋経済新報社.

河村茂雄（2002）. 教師のためのソーシャル・スキル. 誠信書房.

河村茂雄（2012）. 学級集団づくりのゼロ段階. 図書文化.

河村茂雄（2017）. 学級担任が進める特別支援教育の知識と実際――集団の教育力を生かしたインクルーシブ教育の実現. 図書文化.

河村茂雄（2018）. 主体的な学びを促すインクルーシブ型学級集団づくり――教師が変わり子どもが変わる15のコツ. 図書文化.

河村茂雄（2021）. 学級集団づくり／学級崩壊の変遷. WEBQU教育サポート.

河村茂雄・武蔵由佳（編著）（2019）. 教育心理学の理論と実際. 図書文化.

文部科学省（2010）. 生徒指導提要.

文部科学省（2011）．子どもたちのコミュニケーション能力を育むために〜「話し合う・創る・表現する」ワークショップへの取組〜．

文部科学省（2022）．令和3年度 子供の学習費調査．

文部科学省（2023）．令和4年度 児童生徒の問題行動・不登校等生徒指導上の諸課題に関する調査結果．

文部省（1992）．登校拒否（不登校）問題について──児童生徒の「心の居場所」づくりを目指して（学校不適応対策調査研究協力者会議最終報告）．

武蔵由佳・河村茂雄（2022）．第14章 若者の心理2・悩み．武田明典（編著）．自己理解の心理学．北樹出版，pp. 131-139.

中根千枝（1967）．タテ社会の人間関係．講談社現代新書．

西村多久磨・河村茂雄・櫻井茂男（2011）．自律的な学習動機づけとメタ認知的方略が学業成績を予測するプロセス──内発的な学習動機づけは学業成績を予測することができるのか？．教育心理学研究，59，77-87.

西村多久磨・櫻井茂男（2013）．中学生における自律的学習動機づけと学業適応との関連．心理学研究，84，365-375.

山田剛史（2023）．大学教育における心理的安全性の重要性と学生エンゲージメントに及ぼす影響．関西大学高等教育研究，14号，7-18.

横山實（2014）．最近激変している少年非行．警察政策学会資料，80号，86-117.

第3章

学級集団の状態と学級の「空気」の関係

　学級の「空気」である学級風土は，**学級集団の状態**から生み出されます。学級集団の状態は，担任教師と所属する子どもたちとの学級生活や授業などの活動の取り組み方と，それらを通した人間関係から形成されます。

　それゆえ，教師には，学級集団の状態を，子どもたちが建設的な協働活動・学習ができる土壌となるように育成していく「学級集団づくり」が求められます。

　本章では，「学級集団づくり」から形成される学級集団の状態と，学級の「空気」との関係について解説したいと思います。

　なお，学校現場における学級集団づくりの困難さの問題は，昨日今日の問題ではなく，長い年月にわたっています。その年月の中で，困難さのハードルは，2000年代に入ってさらに上がっています。それは時代の変化に伴い，子どもの理解と対応が難しくなったというより，法改正を伴う教師の対応すべき子どもの広がりと深まり，教育方法の大きな転換があったことが大きいといえます。

　そこで本章では，まず学級集団づくりの困難さの問題のハードルについて解説したのち，近年の学校現場で見られる学級集団の状態を捉える視点を説明します。そして，その視点を基に学級集団の状態のタイプを示し，そのタイプ特有の学級の「空気」について解説します。

第1節　学級集団づくりの変化

「学級集団づくり」は，時代とともに微妙に変化しています。子どもたちの実態と学校教育の政策の変化があるからです。ただし，教師は，教師になったときに身につけた「学級集団づくり」のやり方をずっと引きずる傾向があります。それにより，経験年数が増えるにしたがってズレが広がってしまいます。

本節では，「学級集団づくり」が大きく変化した時期のポイントについて，順に解説していきます。

1　管理的な「学級集団づくり」

1970年代後半から1980年代前半にかけての「**校内暴力**」の発生は，学級での正常な授業や集団活動の成立も難しくしました。

このような校内暴力への学校側の対応は，教師たちによる生徒への徹底した管理的な指導で（p.28〜29参照），学級集団づくりも管理的な傾向を強く帯びたものになりました。文部省が，1985年に，過度に形式主義的な管理教育や体罰を是正し，学校に自由と規律の毅然とした風紀を回復する必要性を指摘したほどです。

1985年以降，校内暴力の発生は低下してきたものの，**不登校**は急増しました。文部省は，1992年に，不登校問題に関して，「どの児童生徒にも起こりうるものである」との認識を示し（文部省，1992），登校はしているが学校回避感情を持つ「不登校のグレーゾーン」の子どもが存在していることを明確にしました。このような中で，1990年代半ば頃から，学級崩壊の状況が社会問題となってきました。

ただ，管理の強い学級集団づくりは，当時の文部省が改善を求めたにもかかわらず改善されたとはいえず，管理しない学級集団づくりの方法論

は，現在でも十分に確立してはいません。

2　個性重視への転換の難しさ

　1991～2000年度の10年間に，不登校者数は，小学校，中学校ともに倍増し，学校や教師の管理教育への社会的批判も高まってきました。

　1989（平成元）年版学習指導要領では，個性重視と新しい学力観が提唱されました。同時に，1977年の学習指導要領改定に始まった「ゆとり教育」への方針転換（教科内容と授業時数の削減）はさらに進められ，学校週5日制は92年9月から月1回，95年度からは隔週実施となりました。

　教員研修でも，集団指導や社会化の比重が高い生活（生徒）指導よりも，個に応じて支援する教育相談を，教師の指導行動として活用することが強調されてきました。

　個性化・多様化の方針の下で，教師は指導する者というよりも援助する者として捉え直され，教師による統制・管理のみならず，積極的な指導までが控えられるような傾向も出てきました。

　このような中で，90年代後半頃，小学校で，一斉形態の授業や学級活動が成立しない，いわゆる，**学級崩壊**の問題がマスコミに取り上げられ社会問題となりました。

　文部省も「子どもたちが教室内で勝手な行動をして教師の指導に従わず，授業が成立しないなど，集団教育という学校の機能が成立しない学級の状態が一定期間継続し，学級担任による通常の手法では問題解決ができない状態に立ち至っている場合」と定義して，実態把握を行いました（学級経営研究会，1998）が，学級集団づくりの視点での学級崩壊への解明には至りませんでした。

　この時期，小学校で発生した学級崩壊は，80年代に中学校で発生した校内暴力と連続した現象と同様に，子どもたちの欲求不満が，教師へ反社会的な行動となって表出したものです。

　ただし，徐々に，集団参加が難しい子どもたちが増えいく中で，学級の

子どもたちが烏合の衆のようなままで，そのまま学級崩壊していく，集団不成立型が増えていきます。

　学校現場では，教師の強い指導の下，画一的に児童生徒たちを行動させ，集団の枠に入れてまとめていくやり方は否定されてきました。しかし，それに代わる学級集団づくりの方法論は十分に確立しておらず，ただ，管理的・画一的な強い指導はしないだけ，という状態で混沌としたままの状態が続く傾向がありました。他の有効な対策は，未確立のままでした。

3　特別支援教育への転換

　従来の学校現場では，適正就学の考え方のもと，障害があると認められた子どもは，通常学級以外の障害児学級または盲学校・聾学校・養護学校に入学しました。

　つまり，通常学級には特別支援が必要な子どもはいないという前提で，通常学級の教師は，個性化よりも社会での生き方・価値観・行動の仕方を教えていく社会化を重視する「学級集団づくり」を推進する傾向がありました。

　それが，2007年以降の日本の学校では，障害のある児童生徒の教育は特別な学級や学校に所属して学ぶという考え方の特殊教育から，障害の有無に関係なく，すべての者が一緒に学ぶことが目指されるインクルーシブ教育（文部科学省，2012）へとつながる特別支援教育に転換されました（文部科学省，2007）。この方針においては，一部の子どもの個別支援に留意するレベルではなく，通常学級でも特別支援が必要な子どもを積極的に受け入れ，大きな多様性がある子どもたちを前提に学級集団づくりをすることが求められます。

　インクルーシブ教育は，従来の適正就学の考え方とは真逆の考え方で，個性化が優先されます。このような大きな変革が，一気にトップダウンで推進されました。しかし，それが教師たちに十分理解されたかどうかは疑問が残るところです。なぜなら，この転換が学級集団づくりに十分に反映

されたとはいえないからです（河村，2006b）。

　第1章で説明した「生物・心理・社会モデル」（p.4参照）で説明すると，従来の教師は社会モデルで「学級集団づくり」をしていました。それが，「生物・心理・社会モデル」のトータルで「学級集団づくり」をすることが求められるようになりました。その切り替えは，とてもハードルが高かったと考えられます。

　以下に，その転換における「学級集団づくり」の変化について説明します。

(1)　特殊教育の時代（適正就学制度の下で）

　障害の有無で所属する学級が分けられていた適正就学制度の下では，通常学級には知的障害や発達障害の子どもは所属することができず，そのため，障害のような生物的側面の問題を持つ子どもはいないという前提のもとで，教師は社会的側面を中心に，人間関係で困っている子どもに対する関係調整をする対応，ソーシャルスキルのトレーニングなどを行ってきました。その際，不安がとても強い，対人恐怖があるなどの心理的側面の問題が想定される子どもには，専門家につないで支援してもらうこともありました。

　この時代に教師が行ってきた学級集団づくりとは，教室に集った児童生徒たちを，既成の社会のルール（学校生活のルール，人と関わるルール，集団生活のルール）にそって，共通の目標を達成させることを通して，画一的にまとめていく傾向がありました。

(2)　インクルーシブ教育を目指す特別支援教育の下で

　現在の学級には，人間関係の問題を中心とした社会的側面だけでなく，障害などの生物的側面，抑うつなどの心理的側面の対応が必要な子どもが増加してきました。

　まず，**生物的側面**として発達障害などの有無の検討が必要です。子どもの現状をしっかり観察し，様々な障害の可能性を考え，専門家も入った校

内組織で検討していくことが求められます。

次に**心理的側面**として，不安神経症や対人恐怖などの心理的な要因の有無の検討が求められます。校内のスクールカウンセラーの助言を求めることも大事です。

生物的・心理的側面のアセスメントをしっかりせずに，**社会的側面**の対応をしてしまうと，効果がないばかりか，子どもが傷ついてしまったりして，逆効果になる場合もあるので注意が必要です。

例えば，**生物的・心理的側面**の問題を抱えた子どもがある課題に対して，能力的や心理的に「やれない」という現状があるのに対して，教師は「やらない」と判断して，強引に取り組むことを促してしまったり，適切な個別配慮をしなかったりなどといった場合です。

つまり，インクルーシブ教育推進後は，教師の子どもへの対応領域が，広く深く拡大したといえます。

インクルージョンの理念を突き詰めて考えた学級集団づくりとは，一人ひとりの子どもたちがみな異なる生育歴と異なるニーズを持つことを前提にして，それぞれの特性を受容し，その特性を積極的に活かし，多様な個を含む集団として発達させていかなければならない，という展開になっていきます。

これは，子どもたちの大きな多様性を包含して，その現状から学級集団づくりをしていく取り組みです。

まず教師が定める学級集団づくりの枠の中に子どもたちを入れて，その固定された方法にそって集団としてまとめていくやり方とは，真逆になります。しかし，大きな多様性を包含した学級集団づくりは，その方法論が未だ見えない状態です。

4　アクティブラーニングの推進

現代のような高度情報化社会が進んだ知識基盤社会では，変化する状況に自律的に立ち向かっていく資質・能力（コンピテンシー）が必要である

という認識から，2022年度から完全実施された学習指導要領では，アクティブラーニングを志向した「主体的・対話的で深い学び」の授業改善が推進されています。

教師が一方的に説明し，児童生徒・学生はそれを聴き理解し記憶するという知識伝達型の授業スタイルから，学習者の主体的な参加を促し，多様な他者と協働活動の中で積極的に対話して学ぶことができる，よりアクティブな学びを取り入れた授業への転換です。これは，授業が展開される学級集団の状態として，期待される要因が異なってきたことを意味します。

(1) 従来求められた学級集団の状態

従来求められたのは，知識伝達型スタイルの授業が効率よく展開される学級集団の状態です。

全体への一斉指導が効率よく展開されるための条件，「私語をせず静かにする」「全体で動くルールや型を守って活動する」「我を出さず画一的な行動をする」などといった状態です。つまり，「**一斉指導で知識伝達が効率よくできる学級集団の状態**」の形成が目指されてきたといえます。

(2) 「主体的・対話的で深い学び」の授業で求められる学級集団の状態

これから期待される学級集団の状態は，学習者の多様性が受容され自律的に協働学習ができるための条件を満たすものです。各自の特性が尊重される学習活動のあり方，対等に平等に率直に考えを言い合える雰囲気，常に進化しようとする柔軟性など，学習する側の特性に合わせたものです。

つまり，「**大きな多様性の担保を前提にして，建設的に協働学習し合える学級集団の状態**」の形成が目指されます。期待される学級集団の状態が大きく変化してきたという認識が，切に求められます。しかし，まだ，協働学習し合える学級集団の形成方法が確立された，とはいえないのが現状です。

5 協働し合える学級集団をつくるには
―「安定度」と「活性度」―

　現在の教師たちが抱える学級集団づくりの困難さの根本は，前述の１〜４の問題が積み重なっていることです。特に次の２点を統合した学級集団づくりをすることが，とても難しいです。

●インクルーシブ教育を推進する，多様性を包含する学級集団づくり
●建設的に協働学習し合える場となる学級集団づくり

　上記を目的として，教師の強い指導で画一的に子どもたちを行動させ集団の枠に入れてまとめていくやり方ではなく，子どもたちの自律性を促進していくやり方で進めていきます。
　しかし，建設的に協働，さらには協働学習し合える学級集団の状態は，自然とは形成されません。
　では，子どもたち個々の多様性を受容し，その上で建設的に協働学習し合える学級集団の状態を，教師たちは，どのような手続きで形成していけばよいのでしようか。
　協働学習し合える学級集団の状態の形成の流れは，次のように考えられます（河村，2022）。

〔協働学習し合える学級集団の状態の形成の流れ〕
①**目標・規律・関係づくり**
　協働する集団を形成して活動していく意義・意味を，子どもたちに理解させる。
②**協働づくり**
　協働する集団での活動の目的を理解させ，協働活動に関わる方法を教えながら，協働活動に参加させる。

③協働学習づくり

協働する集団での活動に充実感を見出せるようにして，協働活動・学習に自律的に取り組めるようにする。

この流れの各プロセスの達成の度合いを理解するには，この後で説明する「安定度」と「活性度」の考え方がわかりやすいです。主に，①の「目標・規律・関係づくり」と②の「協働づくり」には「安定度」の対応が中心に，③の「協働学習づくり」には「活性度」の対応が中心になります。

(1) 安定度
学級が集団として成立していくための規律（ルール）と，メンバー同士の開かれた親和的な人間関係（リレーション）が統合されて確立し，協働活動ができる基盤の度合いです。安定度は，望ましい順に，**A 安定—B 固定—C 流動—D 不安定—E 混沌**の5段階があります。

〔安定度の5段階〕
A **安定**——子どもたち全員が，学級の課題に対して，リーダーやフォロワーの役割に柔軟につき，役割を遂行することができる。
B **固定**——集団活動は整然とできるが，集団主義的な傾向があり，リーダーとフォロワーの役割が固定している。子どもたちの間に序列がある。
C **流動**——集団の構成員であるという意識が乏しく，個人の利益が優先され集団活動での連携が弱く，成果も今一つで，小集団が乱立している。
D **不安定**——集団の構成員であるという意識が乏しく，かつ，学級内に人間関係の軋轢，小集団対立があり，集団としてまとまることができない。
E **混沌**——集団への所属意識が薄く，嫌悪感があり，各自が勝手に存在し利己的に活動しているので，集団の体をなしていない。

(2) 活性度

メンバーの存在・特性や考えが大事にされ,協働学習ではメンバー同士が建設的に相互作用をできる度合いです。活性度は望ましい順に,**A 創造—B 活用—C 遂行—D 停滞—E 不履行**の5段階があります。

〔活性度の5段階〕
- A　創造——既成の知識を発展させて,新たな発想を生み出すことができる状態である。
- B　活用——既成の知識や方法に新たものを加えて,応用できる状態である。
- C　遂行——教師に指示されたとおりに素直に実行できる状態である。
- D　停滞——人間関係が悪く,教師への抵抗から指示されたことを,素直に実行ができない状態である。
- E　不履行——教師の指示に反発し,実行しない。集団活動ができない状態である。

従来の学級集団の状態のタイプ分けは,「安定度」の形成度合いで分類されてきました。しかし,これからは,**「安定度」と「活性度」の統合された確立度**の形成度合いでの,学級集団の状態のタイプ分けが求められます。次節では,新たな視点での学級集団の状態の捉え方を解説します。

第2節　学級集団の状態の捉え方

アクティブラーニング的な授業を展開するためには,協働学習が成立する学級集団づくりが必要です。日向野(2015)も,教師だけがいかにアクティブラーニング的な授業をしようとお膳立てを整えても,学生側にある程度のリーダーシップがなければ,学生同士が影響し合って発生するアク

ティブラーニングは実現しないこと，初めは教師がしっかり教室環境支援を行う必要があることを指摘しています。

　筆者は，協働学習が成立する学級環境として「ルールの確立」と「親和的な人間関係の確立」という2つの視点から学級集団の状態を捉える学級集団分析尺度を開発しました。「学校生活満足度尺度 Q-U」として，標準化（テストの妥当性と信頼性が確認されている）され，市販されている心理テストです（河村，2006a）。

　Q-U は，子どもが学級生活において満足感や充実感を感じているか，自分の存在や行動をクラスメイトや教師から承認されているか否かに関連している「承認感」と，不適応感やいじめ・冷やかしの被害の有無と関連している「被侵害・不適応感」の2つの下位尺度から構成されています。

　そして，「承認感」と「被侵害・不適応感」の各得点を2軸にとり，学級内のすべての子どもの両尺度得点の交点の分布状態によって，学級集団の状態を判定します（河村，1998，1999）。

　学級集団の状態は，学級集団を「学級内のルール」の確立度と「リレーション（親和的な人間関係）」の確立度の2つの視点で捉え，学級内のすべての子どもの「被侵害・不適応感」の得点の分布を学級内の**「ルールの確立」**と，すべての子どもの「承認感」の得点の分布を学級内の**「リレーション・親和的な人間関係の確立」**と，対応させて考えます。

　この心理テストを基に，25年以上，学級集団の状態の実態を検討し，全国の多くの教育委員会や学校において，不登校を予防する・学習活動を活性化させる学級集団づくりをアドバイスするコンサルタントとして，関わらせてもらってきました。

　この学級集団づくりのコンサルタントの方針は，アクティブラーニングを標榜する授業改革が強調された学習指導要領が2017年度に示されてから，大きく変わりました。第1節の4（p.81〜82）で説明した，「主体的・対話的で深い学び」の授業改善が推進されたからです。

　それまでは，知識伝達型スタイルの授業が効率よく展開される学級集団の状態を目指した学級集団づくりでした。主に「安定度」の達成が目指さ

れてきました。

　しかし，2017年度以降は，子どもたちの多様性の担保を前提にして，建設的に協働学習し合える状態を目指した学級集団づくりが始まりました。つまり，「安定度」と「活性度」の統合された達成が目指されています。

　筆者は，学級集団づくりのコンサルタントの方針を基に，それぞれ代表的な学級集団の状態のタイプを提起してきました。以下に，順に説明していきます。

1　学級集団の状態のこれまでの捉え方

　学習指導要領で，授業のあり方が子どもにとってアクティブラーニングとなるようにと強調されたのが，2017年度でした。2017年度以前に求められたのは，知識伝達型スタイルの授業が効率よく展開される学級集団の状態で，目指された学級集団づくりは「一斉指導で知識伝達が効率よくできる学級集団の状態」の形成です。全体への一斉指導が効率よく展開されるための「**安定度**」の充足具合が重視されました。

　Q-Uで示される「ルール」と「リレーション」の視点からは，以下のような代表的な6つのタイプの学級集団の状態が見出されました（河村，2012）（図3-1）。

〔学級集団の状態の6つのタイプ ―「安定度」の充足具合から―〕
①**親和型**――「親和的でまとまりのある学級集団」
　　　　　　　ルールとリレーションの両方が確立している
②**かたさ型**――「かたさの見られる学級集団」
　　　　　　　リレーションの確立が弱い
③**ゆるみ型**――「ゆるみの見られる学級集団」
　　　　　　　ルールの確立が弱い
④**不安定型**――「不安定な学級集団」
　　　　　　　ルールとリレーションの両方の確立が弱い

⑤**崩壊型**──「崩壊した学級集団」
　　　　　　ルールとリレーションの両方が全く確立していない
⑥**拡散型**──「拡散した学級集団」
　　　　　　ルールとリレーションの確立に方向性がない

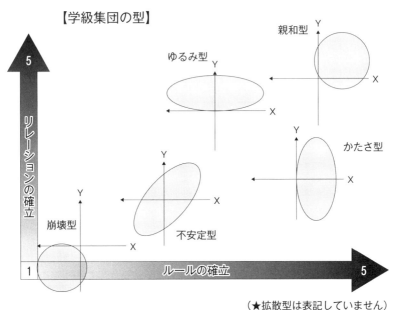

図3-1　学級集団の代表的な状態（河村，2012）

　図3-1では，学級集団の状態を，子どもたちの学級生活の満足度の程度で捉えています。「被侵害・不適応感」が低く，「承認感」が高い状態が，学級生活の満足度が高い状態です。ちなみに，「被侵害・不適応感」は「対人関係のトラブル」と「孤立・孤独」の2領域で構成され，「承認感」は「自分なりの充実度」と「他者からの承認の度合い」の2領域で構成されています。
　具体的には，学級集団の状態をX軸の「被侵害・不適応感得点」とY軸の「承認得点」の2点の形成度で捉えます。バランスよくX軸上をよ

り右へ，Y軸上をより上へ，という状態にあるのが良好な学級集団です。各類型の形は，座標軸全体に対する学級内の子どもたちの分布状態です。

なお，原点であるX軸とY軸の交点は，それぞれ「被侵害・不適応感得点」と「承認得点」の全国平均値ですので変動します。よって，それぞれのタイプの全体に占める割合も，変動します。

2020年から，全国の学校がコロナ感染の予防で児童生徒の登校や対面交流の自粛が実施されて以降，「承認得点」が低めで年間を通して上昇しない子どもが一定数認められること，「被侵害・不適応感得点」では対人関係のトラブルに対して孤立・孤独の領域が悪化している子どもが一定数認められることが見出されています。

2 学級集団の状態の新しい捉え方

2022年度から完全実施された学習指導要領では，「主体的・対話的で深い学び」の授業改善が推進されています。建設的に協働学習し合える学級集団の状態を目指した学級集団づくり，その基盤として，子どもたちが対等に率直に協働活動ができる学級集団の状態を目指した学級集団づくりが求められます。言い換えれば，**「安定度」と「活性度」の統合された達成**が目指されています。

CBT（Computer Based Testing：コンピュータを用いて試験を行うシステム）で実施されるWEBQU（河村，2021a，2021b）は，「安定度」の「ルール」と「リレーション」の基盤に，「活性度」の視点を入れ，学級集団の特徴を捉えてタイプ分けしました（図3-2）。

横軸は「安定度」を，縦軸は「活性度」を表します。安定度が確立され，より右に位置するだけでは不十分で，かつ，上に位置することで活性度も担保された状態であることが示されます。各類型から出ている矢印は，その類型の分散（バラツキ）を表しています。

WEBQU（河村，2021a，2021b）は，学級集団分析尺度「Q-U」のWeb版であり，インターネット環境があれば利用できます。児童生徒はパソコ

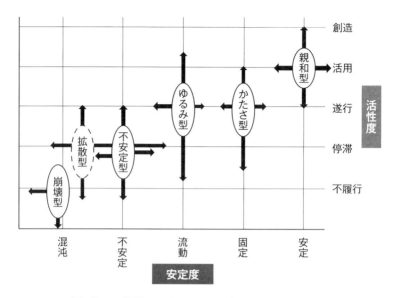

図3-2 学級集団の状態の代表的なタイプ「安定度と活性度」

ンで「Q-U」と同様の質問に回答し，その結果は瞬時に分析・出力されます。出力内容は回答の分析結果のみならず，いじめや不登校の可能性の高い児童生徒名が抽出され，実態に応じた学級集団づくりの指針の提示，アクティブラーニング型の授業の展開指針の提示など，車のナビ機能のような機能を有し，教師の学級経営を全面的にサポートします。

例えば，図3-2で，「かたさ型」を見てみます。「かたさ型」は，従来から「リレーションの確立が弱い」とされて，評価が高くなかった一方で，一部の教師たちからは，子どもたちをしっかり管理できているのだからいいのではないかと改善されないことがありました。しかし，新たなWEBQUでは，「かたさ型」の学級集団づくりは，「親和型」と比べて，活性度の点でその評価が低いことが明確に示され，改善が促されることになると思います。

「安定度」と「活性度」の統合が目指される学級集団では，大事にされるのは活性度の質（レベル）であり，それを支えるのが安定度の質（レベル）です。共に子どもの自律性が重視されます。

教師の指示に素直に従って行動しているだけの状態，クラスメイトと建設的に協働活動ができない状態は，その評価は低くなります。現在問題なのは，両方に問題を抱え，それがマイナスの相互作用をしていることです。

このように，学級集団の状態を「安定度」と「活性度」の統合された視点で捉えることにより，その学級集団の状態の質が明確になり，学級の「空気」の違いが見えてきます。

次節では，本書の主題でもある，学級の「空気」について，この学級集団の状態のタイプごとに解説します。

第3節　学級集団の状態の代表的なタイプと学級の「空気」

前項で紹介した「学級集団の状態の新しい捉え方」を，タイプ別に区分すると，次のようになります。

〔学級集団の状態の6つのタイプ ―「安定度」と「活性度」から―〕
①親和型A［安定―創造・活用］
②親和型B［安定・固定―活用・遂行］
③かたさ型［固定―遂行］
④ゆるみ型［流動―遂行・停滞］
⑤拡散型［流動・不安定―停滞］
⑥不安定型［不安定―停滞・不履行］
⑦崩壊型［混沌―不履行］
（※ ［　］は，「安定度―活性度」の順に記載）

なお，親和型は，安定度のレベルによって，子どもたちがフラットに活動できる状態の「親和型A」と，仲はいいのですが序列がある「親和型B」に分けました。この差は活性度の質にも影響します。

本節では,それぞれのタイプについて,詳しく解説をしていきます。

1　親和型A［安定―創造・活用］

【安定度と活性度のレベル】
●**安定度**［**A 安定**―B 固定―C 流動―D 不安定―E 混沌］
●**活性度**［**A 創造**―**B 活用**―C 遂行―D 停滞―E 不履行］

(1)　学級集団の状態の特徴

　学級の目標や協働活動・学習する意義が理解され,学級のルールが内在化され,子どもたちが主体的に,クラスメイトと建設的に協働活動・学習に取り組めている状態です。

　教師がいないときでも,自分たちで,フラットに話し合い,計画を立て,協働してある程度の活動ができる状態です。学級内には支え合い・学び合い・高め合いが存在し,集団の学びを促進させる雰囲気があります。

　同時に,子ども同士はお互いの個性や特性を受容し合い,学級全体に親和的な人間関係が形成されています。常識から若干外れるような考えや行動をする子どもでも,ユニークとして受容される雰囲気があります。

　さらに,協働意識が高まっており,みんなで一つの方向にまとまって活動する意義が理解され,率直で,積極的な関わり合いが存在しています。ほとんどの子どもたちの学級適応感は高い状態です。

　その背景には,担任する教師の子どもたちの個性に対する受容的な姿勢があり,子どもそれぞれの資質・能力を,その子どもに合った,さらには,その学級集団の状態に合った指導行動で,柔軟に適切に育成しています。まさに,理想的な学級集団の状態です。

　ただし,配慮する点もあります。能力と意欲が高く,独創的な考えを持つ子どもたちが創造的活動に取り組んでいるとき,率直な議論のやりとりがなされます。率直なやり取りの基盤は,違った意見を言っても非難されない心理的安全性の高さが必要で,それを支えるのがメンバー間の信頼で

す。コミュニケーション不足になると，それが揺らぐときがありますので留意が必要です。また，自由な活動が保証されなかったり，課題遂行型の活動が多くなりすぎたりすると，欲求不満になりやすく，集団は退行していきます。

(2) 学級の「空気」
「親和型 A」の学級集団の「空気」は，p.63の「**自律的動機を高める同調圧力のある学級の『空気』**」です。

●学級のみんなといると，元気が出て，頑張ることができる。
●みんなといると，いろいろなことに自分もチャレンジしたくなる。

このように，ほとんどの子どもたちから，心理的安全性が高い学級集団であると思われています。学級集団の中で，自分の考えや気持ちを，誰に対してでも安心して発言できる，素の自分を出すことができる，飾らず素の自分でいることができる，と子どもたちが思える雰囲気があります。
　子どもたちは，このような学級の雰囲気を自分たちで維持していこうという機運が高くなっており，前向きな「ヨコ関係の同調圧力」が高まっています。周りからみると，学級全体に活気があり，笑いが絶えない学級である，と思える空気が感じられます。

2　親和型 B［安定・固定―活用・遂行］

【安定度と活性度のレベル】
●安定度 ［**A 安定**―**B 固定**―C 流動―D 不安定―E 混沌］
●活性度 ［A 創造―**B 活用**―**C 遂行**―D 停滞―E 不履行］

(1) 学級集団の状態の特徴
「親和型 A」の学級集団の状態と同様に学級全体に活気があり，全体的

に子どもたちはテキパキと行動し，まとまりとしては親和型 A の学級集団よりも団結力が高いように見えます。

このような学級集団では，子どもたちから慕われている教師がいて，かつ教師が提示する課題や匂わす期待に進んで応えようとする能力が高く協調性もある子どもがリーダーシップをとり，タテの意識の強いピラミッド型集団になって行動していることが多いです。学級内の子どもたちの人間関係も親和的でよく，周りの多くの子どもたちは安心してリーダーの子どもの指示に従って行動しています。

ただ，課題遂行型の活動には組織的に取り組み高い成果をあげることができますが，新たなチャレンジが伴う問題への取り組みには今一つになりがちです。

実はこのタイプの学級集団では，教師の期待に応えることが大事であり，議論をしても，教師期待を反映した予定調和的な結論に至ることが少なくありません。独創的な考えや行動はあまり評価されず，個人の少数意見は言い出しにくい面があります。このタイプの学級集団は，「対話」のある授業が成立しにくいです。背景に，第2章で紹介した「隠れたカリキュラム」(p.39) の存在が考えられます。

(2) 学級の「空気」

「親和型 B」の学級集団の「空気」は，p.58の**「間接的なタテ関係の同調圧力に基づく学級の『空気』」**です。

- ●学級の和を乱してはならない。
- ●みんなで決めた学級の目標の達成を目指して，みんなで決めたルールに従って，みんなと同じように規則正しく行動しなければならない。

このタイプの学級集団は，人間関係も穏やかで親和的なのですが，教師の指導に素直に従うことが重視される集団主義的な傾向があります。子どもたちは学級集団の中では，期待される「たてまえ」的な言動をしなけれ

ばならない雰囲気があります。学級の「空気」には，教師からの間接的な「タテ関係の同調圧力」があります。自分の考えや気持ちを率直に言うことははばかられるので，実は，心理的安全性はやや低い学級集団です。

　親和型Bの学級集団では，個性的な子どもや，みんなと同じように行動することができない子どもは，このような学級の「空気」が苦手だと思います。かつ，それを言動に表すことは，みんなへの裏切りととられることが多く（同時にそれは教師への反抗になります），抑制しなければならないので，欲求不満になることが少なくありません。

3　かたさ型［固定─遂行］

【安定度と活性度のレベル】
●**安定度**［A 安定─**B 固定**─C 流動─D 不安定─E 混沌］
●**活性度**［A 創造─B 活用─**C 遂行**─D 停滞─E 不履行］

(1)　学級集団の状態の特徴
　学級の目標や協働活動・学習する意義，学級のルールについて教師から明確に示され，学級のルールを順守して行動し結果を出すことが求められ，それが定着しています。

　学級内には一定の価値軸（例えば，勉強ができる，リーダーシップがとれる，など）が存在し，子どもたちにはその価値軸にそった（暗黙の）序列があり，その序列の影響を受けて，効率的に，集団活動・学習に取り組んでいる状況があります。

　リーダーシップをとる子どもは固定されがちで，一見静かで落ち着いた学級に見えますが，学級生活を送る子どもたちの意欲には差が見られます。

　子どもたちは教師の評価を気にする傾向があり，子ども同士の関係にも距離があり，人間関係が希薄な面があります。子どもたちの学級適応感は，教師の評価に左右されがちで，教師評価の高い子どもは高く，教師評価の低い子どもは低く，その差が大きい状態です。

担任教師は，自らの教育観に基づく学級経営や指導を毅然と行う傾向があり，子どもたちはそういう教師に畏怖の念を抱き，教師が定める考え方や期待される行動様式の順守を遂行している状態です。

　このような中で，子どもたちのやらされ感が強くなってくると，自らやろうとする自律的な動機が低下してくるので，新たなことにチャレンジをする意欲が低下してきます。子ども同士の関係性の構築が不十分なので，クラスメイトとの関わりに刺激されて，活動意欲が喚起されることも少なく，学級全体に停滞感が漂ってきます。

　停滞感は子どもの教師に対する信頼感を低下させるので，学級の停滞感に拍車をかけます。このような状態に対して，教師が子どもたちを叱咤すると，さらに悪循環につながっていく可能性が高まります。

(2) 学級の「空気」

　「かたさ型」の学級集団の「空気」は，p.58の「**直接的なタテ関係の同調圧力に基づく学級の『空気』**」です。

- 教師の指示する課題の達成を目指して，定められたルールに従って，規則正しく行動しなければならない。
- 叱責されたり，評価を下げられたりしないように，教師の指示には従わなければならない。

　子どもは担任教師の指導に畏怖の念を抱く傾向があるので，自分の本音ではなく，教師から期待される考え方や行動をとらなければならない，という学級の「空気」があり，心理的安全性は低い学級集団です。

　学級の「空気」には教師からの直接的な「タテ関係の同調圧力」があり，その「空気」は，子どもたちの学習動機に，「教師に怒られないように取り組む」というような「外的調整」（p.24）と，「いい学校に入学するために取り組む」というような「同一化的調整」（p.24）を喚起する可能性が高いです。

しかし、教師の指導に対して子どもの欲求不満が高まってくると、教師から期待される考え方や行動をやらなければならない、という学級の「空気」に対する抵抗感が強まり、一部の子どもが反抗心を抱く場合も見られてきます。

4　ゆるみ型［流動―遂行・停滞］

【安定度と活性度のレベル】
●**安定度**　［A 安定―B 固定―**C 流動**―D 不安定―E 混沌］
●**活性度**　［A 創造―B 活用―**C 遂行―D 停滞**―E 不履行］

(1)　学級集団の状態の特徴

　学級の目標や学級のルールについて教師から強く示されることは少なく、子どもたちは学級内のゆるやかなルールの中で、仲のよい小グループ内で活動・生活している状態です。

　学級内は穏やかですが、それは協働的なつながりや活動がうまくいっているというよりも、相互に強く干渉し合わず、楽な距離感なので成立しているという状態です。子どもには「学級全体」という視点は乏しいです。

　子どもたちは、学級集団全体に関することに事なかれの状態で、傷つきたくないので、閉じた小グループの中で活動しています。一方、関わっている小グループ内のメンバーとの人間関係には気をつかっている状態です。

　その背景には、担任する教師は子どもたちと穏やかに友だちのように関わるような存在で、学級内に「〜すべし」という行動の指針を明確に打ち出すことが少なく、曖昧になっている傾向があります。

　学級内に穏やかな雰囲気が維持されていると、自由度があるので、子どもたちは緊張感も少なく、やりたい活動を小グループでできるため、学級生活の満足感は高くなります。ただし、全体で相互作用して学び合ってより高まろうという機運は乏しいです。

(2) 学級の「空気」

「ゆるみ型」の学級集団の「空気」は，p.59の**ヨコ関係の同調圧力に基づく学級の『空気』**です。

- みんなどういう人たちだかわからないので，距離をとり，変に関わらないのが無難である。
- 学級の中でみんなから孤立したり，みんなから嫌われたりすると最悪なので，グループのメンバーとは仲よくしていなければならない。

　担任教師からの明確な行動の指針，学級全体のまとまりとリレーション形成が乏しい中で，子どもは小グループを形成して，そのメンバーたちと一体的に活動することで安心感を得ている状態です。
　こういう中で，学級全体の中では変に目立って批判されないように自分を出さないようにしている反面，小グループが居場所となるように努力します。小グループのメンバーたちとの良好な関係を維持するために，メンバーたちに同調する考え方や行動をとらなければならない，という小グループの「空気」が生まれます。小グループに依存している状態です。このような状況にある学級集団は，心理的安全性が低くなっています。
　学級の「空気」にはクラスメイトからの「ヨコ関係の同調圧力」があり，その「空気」は子どもたちの学習動機に，「取り入れ的調整」（p.24）を喚起する可能性が高いです。
　さらに，ゆるみ型の学級集団が，次のような「拡散型」の段階になると，学級集団の教育的機能はとても乏しくなります。

5　拡散型［流動・不安定—停滞］

【安定度と活性度のレベル】
- **安定度**［A 安定—B 固定—**C 流動**—**D 不安定**—E 混沌］
- **活性度**［A 創造—B 活用—C 遂行—**D 停滞**—E 不履行］

(1) 学級集団の状態の特徴

　学級内の行動指針がとても曖昧な中で，子どもたちはどう動いていいかがわかりません。協働するルールが確立されておらず，全体のリレーション形成も乏しいので，子ども同士は静かにけん制し合い，関わり合いが生まれません。徐々に不安が高まり，秘めた欲求不満も高まっていきます。

　ゆるみ型の学級集団は，ルールの確立が不十分で，学級全体のリレーション形成も不十分になり，そのため小グループが乱立している状態です。それに対して，拡散型の学級集団は，計画的・系統的なルールの確立とリレーション形成が共にできておらず，子どもたちはどう活動していいかわからず混沌としている状態です。学級集団づくりとしては，拡散型の学級集団は，ゆるみ型の学級集団と比べても1ランク下の状態です。

　このような状態が一定期間続くと，教師の指導に対する信頼も希薄化し，子どもたちは何かしたいという思いがなくなり，とにかく嫌な思いをしたくない，傷づけられたくないと考え，クラスメイトと大きな距離をとるようになっていきます。教室内はバラバラな状態で，互いに能動的に関わらないことで，最悪にならないという均衡を保っています。

　一部には不安のグルーピングをしている子どももおり，また，一人で独自のことをしている子どもも一定数います。そして，そのようなクラスメイトの様子に互いに無関心になっているという，支え合い・学び合いが全くないような，教育環境とはいえない状態です。教育活動も授業もかなり停滞した状態です。

　近年，このような学級集団がとても増えてきており，このような学級集団での生活を経験した子どもたちは，協働活動を避けるようになります。

(2) 学級の空気

　拡散型の学級集団の「空気」は p.60の「**無気力的なヨコ関係の同調圧力に基づく学級の『空気』**」です。

- ●学級のメンバーは関係ないので，教室にいるときは，変に関わらないのが無難である。
- ●学級にいるときは退屈だけど，何かすると面倒なので，最低限のことだけやっているのが無難である。

　混沌とした学級集団の状態に対して，子どもたちはとりあえず決められたので所属しているという，それ以上でもそれ以下でもない状態で，学級内には無気力な雰囲気が漂っています。

　そのような中で，建設的な活動をしようと提案したり，何か目立つことをしたりしたら，周りからは「面倒くさい人」と思われて損をするので，何もしない方が無難という，学級内の無気力感を維持するような学級の「空気」が生まれます。つまり，**学級の「空気」には，クラスメイトからの後ろ向きの「ヨコ関係の同調圧力」があります。**

　何とかしようということもすでに諦めているので，学級ではそのときそのときの刹那的な出来事を茶化したり，誰かがいじられてたりするのを見て盛り上がるような，軽いノリの出来事で1日が過ぎていきます。学級集団は，子どもたちにとって，「居場所」とはほど遠い環境になっています。

　かたさ型・ゆるみ型・拡散型の学級集団の状態が改善されず，学級生活・活動が展開されていくと，学級集団はマイナスの方向に退行していきます。また，学級内で非・反社会的な子どもが自己中心的な行動をしていたり，トラブルがあったりすると，学級集団は教育的にマイナスの環境になっていきます。

6　不安定型［不安定―停滞・不履行］

【安定度と活性度のレベル】
- ●**安定度**［A 安定―B 固定―C 流動― **D 不安定** ―E 混沌］
- ●**活性度**［A 創造―B 活用―C 遂行― **D 停滞―E 不履行** ］

(1) 学級集団の状態の特徴

　学級集団がかたさ型・ゆるみ型・拡散型のときに，具体的な学級集団づくりの対応がなされないと，その学級の部分的なプラス面が徐々に喪失し，マイナス面が強く現れてきます。

　学級集団の規律の共有とリレーションの形成が共に，より低下した状態になると，それぞれの問題は，相乗的にマイナスの影響が強まります。子どもたちの相互作用は，非建設的なものになっていきます。

　子どもたちは，不安から閉じた小グループを形成しがちですが，そのようなグループ間には対立が生じやすく，さらに小グループ内の人間関係もギクシャクしやすくなります。個別対応が必要な子どもたちは，侵害行為を受けることが多くなり，承認感はとても低いものになっていきます。

　学級集団が，さらに不安定感を増してくると，子どもたちは疑心暗鬼のようになり，**防衛的な意識と行動**が見られます。他者の目をとても気にし，それをネガティブに受け取り，非建設的な行動が増幅されていきます。

　教師のリーダーシップは，徐々に効を奏さなくなり，「かたさ型」の学級集団になりやすい教師はより厳しく子どもを叱咤し，それがさらに反発を生みます。「ゆるみ型」になりやすい学級集団の教師はより子どもにフレンドリーに対応しようとし，それが侮りを生む，という具合です。

　学級集団の規律の共有とリレーションの形成がさらに低下した状態になると，クラスメイトに不信感を持ちがちになり，他者に対して攻撃的で他罰的な傾向が出てきます。学級の中でクラスメイトから攻撃されないために，グループ内外での地位や力を志向し，自分を大きく見せるように振る舞う傾向も出てきます。

(2) 学級の「空気」

　不安定型の学級集団の「空気」は，p.61の「**ネガティブなヨコ関係の同調圧力に基づく学級の『空気』**」です。

- ●陰で何を言われるかわからないので、隙を見せてはならない。バカにされないような態度や行動をとらなければならない。
- ●全体には最低限の関わりにして、他のグループとは大きな距離をとることが無難である。

〈小グループ内に対して〉
- ●誰から攻撃されるかわからないので、本当に信じられる友人以外は、気を許さないようにしなければならない。

　学級内の安定度の低さは、子どもたちの欲求不満を高め、それを発散するための攻撃性の高い行動につながり、学級内は攻撃性の発散による非建設的なトラブルが頻発するというマイナスの悪循環になっていきます。このような学級集団の状態になると、教師も改善できない状況に陥っていると想定されます。

　子どもたちの間では、お互いに傷つけ合う行動が目立ち始め、学級内では子ども同士のトラブルが散見されるようになっていきます。このような状況の中で、子どもたちも相互に関わることに疲れてきて、投げやりで防衛的な雰囲気になっていきます。

　素の自分を隠して演技して、他者からバカにされない考え方や行動をとらなければならない、という学級の「空気」があり、心理的安全性はかなり低い学級集団です。

7　崩壊型［混沌―不履行］

【安定度と活性度のレベル】
- ●**安定度**　［A 安定―B 固定―C 流動―D 不安定―**E 混沌**］
- ●**活性度**　［A 創造―B 活用―C 遂行―D 停滞―**E 不履行**］

(1)　学級集団の状態の特徴
学級集団の規律の共有とリレーションの形成が著しく低下した中で、

非・反社会的な状況も生起し，学級内の人間関係には不信感が強まり，子どもたちは利己的に行動し，私語と逸脱行動が横行し，授業は成り立たない状態です。

子どもたちの所属する小グループも，対立や力関係で，短期間で変化していきます。教師の指示に露骨に反発する者も少なくなく，すでに学級は教育的環境とはいえない状態です。子どもたちの中から，非・反社会的なボス的な存在が生まれ，学級を牛耳ることも見られます。

学級に集まることによって，子どもたちは互いに傷つけ合い，学級に所属していることに肯定的になれません。障害があったり孤立したりしている子どもは，みんなの欲求不満のはけ口として，スケープゴートにされていじめられるケースも見られます。学級は不満と不安で緊張している状態で，不登校になる子どもも出てきます。

こうした学級では，担任教師のリーダーシップはほぼ通用しなくなっています。子どもたちも，このような状態をとても嫌悪しており，こうした状態を改善できない担任教師に攻撃性が向かいがちになります。したがって，崩壊した状態の学級には，学校の教員組織での対応が必要です。

(2) 学級の「空気」

崩壊型の学級集団の「空気」は，p. 62の**「非常にネガティブなヨコ関係・タテ関係の同調圧力に基づく学級の『空気』」**です。

〈全体に対して〉
- 教師も含めて嫌な人ばかりで，いつ攻撃されるかわからないので，なめられないようにしていなければならない。
- クラスを牛耳っている子やグループに狙われないように，機嫌をとるような態度や行動をしなければならない。

〈小グループ内に対して〉
- グループ内の人も信用はできないので，ほどほどの関係で行動しなければならない。

崩壊した学級は，人間不信と不満と不安でとても緊張した状態となり，その中で周りから攻撃されないようにするために，防衛的な行動をする風土がとても強くなっています。
　学級には，不信感を感じているクラスメイトからの「ヨコ関係の同調圧力」，ボス的な子どもからの「タテ関係の同調圧力」が直接的・間接的にあり，心理的安全性はとても低くなっています。
　そうした「空気」は，子どもたちの学習動機に対し，「周りのメンバーからバカにされないように取り組む」というような強い「取り入れ的調整」や「外的調整」を高めるだけではなく，何をやってもダメさという学習性無力感を感じる可能性も高めていきます。
　このような「空気」に満ちた学級集団は，学び合いの機能を喪失した教育集団であり，その意味でも，学級崩壊の状態ともいえます。

　以上，代表的な7つの型の「空気」の学級集団の状態を解説しました。自分のクラスが何型なのか詳細を確認するには，WEBQUを実施することが必要ですが，ここまでの解説を読めば，先生方は，自分のクラスの型が7つのどの型に近いかおおよそ検討がつくのではないでしょうか。
　この後の第4章では，学級の「空気」を変える指導行動を紹介しますが，自分のクラスの現在の状態を把握することから学級集団づくりのヒントも得られるのではないかと思います。

第4節　子どもに与える影響から見る学級集団の状態のタイプと学級の「空気」

　学級集団の状態や風土と関連した学級の「空気」は，第3節で解説した通り，子どもの協働活動や協働学習に対する動機づけと行動化，さらに学級適応に影響を与えます。学級の「空気」には，代表的な7つの型があり

ますが，子どもに与える影響の観点から大きく分けると，次の3段階で考えられます。

〔学級の「空気」が子どもに与える影響〕
①プラスの影響を与えるレベル
　〈空気A〉自律的動機を高める同調圧力のある学級の「空気」
　〈空気B⁺〉間接的なタテ関係の同調圧力に基づく学級の「空気」
②一般的な心理的葛藤を与えるレベル
　〈空気B〉直接的なタテ関係の同調圧力に基づく学級の「空気」
　〈空気B〉ヨコ関係の同調圧力に基づく学級の「空気」
　〈空気B⁻〉無気力的なヨコ関係の同調圧力に基づく学級の「空気」
③マイナスの影響を与えるレベル
　〈空気C〉ネガティブなヨコ関係の同調圧力に基づく学級の「空気」
　〈空気D〉非常にネガティブなヨコ関係・タテ関係の同調圧力に基づく学級の「空気」

　学級全体で見ると，①②③のレベルの全体に占める割合は，大まかに捉えると，3：5：2という感じです。
　本節では，子どもに与える影響の視点から，それぞれの学級の「空気」を持つ学級集団の状態について，改めて整理していきます。

〔学級集団の状態のタイプと学級の「空気」〕

〈空気A〉「親和型A」学級集団
　　　⇒自律的動機を高める同調圧力のある学級の「空気」
　　　　子どもの協働活動・協働学習に対しての自律的な動機を高めて，建設的な行動を促進する．学級への適応を高める学級の「空気」

〈空気B⁺〉「親和型B」学級集団
　　⇒間接的なタテ関係の同調圧力に基づく学級の「空気」
　　　　知識伝達型の授業が効率的に展開できるような，教師の期待する行動を促進する，学級の「空気」

〈空気B〉「かたさ型」学級集団
　　⇒直接的なタテ関係の同調圧力に基づく学級の「空気」
　　　　子どもの協働活動・協働学習に対しての自律的な動機を低め，外発的な動機を高め，防衛的な行動を促進する，学級への適応を低める（過剰適応を促す）学級の「空気」

〈空気B〉「ゆるみ型」学級集団
　　⇒ヨコ関係の同調圧力に基づく学級の「空気」
　　　　子どもの協働活動・協働学習に対しての自律的な動機を低め，外発的な動機を高め，防衛的な行動を促進する，学級への適応を低める（過剰適応を促す）学級の「空気」

〈空気B⁻〉「拡散型」学級集団
　　⇒無気力的なヨコ関係の同調圧力に基づく学級の「空気」
　　　　子どもの協働活動・協働学習に対しての自律的な動機を低め，外発的な動機を高め，無気力感を高め，防衛的な行動を促進する，学級への適応を低める（過剰適応を促す）学級の「空気」

〈空気C〉「不安定型」学級集団
　　⇒ネガティブなヨコ関係の同調圧力に基づく学級の「空気」
　　　　子どもの協働活動・協働学習に対しての学習動機を著しく低下させて無気力感を喚起する可能性が高く，防衛的な行動・非建設的な行動を促進する，学級への適応を非常に低め

る学級の「空気」

〈空気D〉「崩壊型」学級集団
　　⇒非常にネガティブなヨコ関係・タテ関係の同調圧力に基づく学級の「空気」
　　　子どもの協働活動・協働学習に対しての学習動機を著しく低下させて無気力感を喚起する可能性が高く，防衛的な行動・非建設的な行動，非・反社会的な行動を促進する，学級への適応を非常に低める学級の「空気」

　筆者は，上記の〈空気B〉の**「かたさ型」学級集団**と**「ゆるみ型」学級集団**のレベルを**「学級集団づくりのゼロ段階」**と呼んでいます。このレベルは，学級集団の状態とそれに伴う学級の「空気」が，所属する子どもたちの適応や学習に，"大きな"マイナスの影響を与えないというレベルです。
　〈空気B〉未満のレベルである〈空気C〉〈空気D〉の状態は，協働学習の土壌となる学習集団としては不適切な状態で，子どもの学級適応にもマイナスの影響を与えます。

　近年の学校教育では，子どもの資質・能力を育成するために，協働学習を取り入れた授業の取り組みが推奨されています。その際，協働学習の成果を左右するものとして，協働学習が展開される学級集団の状態の良否，例えば，クラスメイトとの人間関係などがあります。学級集団の状態を，子どもたちは，学級の「空気」として捉えます。
　学級の「空気」は，子どもたちの学級適応に関連します。前述したように，日本の学校では，子どもは，ほとんど固定されたクラスメイトと，一日の大半を学級で生活・活動しているからです。かつ，学校生活で過ごすほとんどの時間が授業です。特に，近年多くなってきた不安の強い子どもは，所属する学級の「空気」に大きな影響を受け，適応感が左右されます。

現代の子どもたちは人間関係に不安を感じることが多く，その対処法として，他者との直接的な関わりを少なくする，仲間と感じられる少数の人とだけ関わる，というやり方を，安全行動としてとる傾向があります。このような現状に対して，単に，授業で多様な他者と，協働活動や協働学習をする展開と時間を増加させると，学級不適応になる可能性が高まるのは当然ともいえます。

　協働活動や協働学習の取り組みは，子どもにとっては適応行動であるのですが，こうした子どもたちの実態に対してハードルが高すぎ，逆効果になっているとも考えられます。

　安全行動を繰り返している人に適応行動をとらせる際には，本人のメンタル面の実態を踏まえて，指導・支援する内容とレベルを，スモールステップで慎重に取り入れていくことが必要です。

　そこで，次章では，安全行動を繰り返している子どもに適応行動をとらせていくような学級の「空気」をつくる教師の指導行動について，解説していきます。

【文　献】

学級経営研究会（1998）．学級経営の充実に関する調査研究（中間まとめ）．

日向野幹也（2015）．新しいリーダーシップ教育とディープ・アクティブラーニング．松下佳代・京都大学高等教育研究開発推進センター（編著）．ディープ・アクティブラーニング．勁草書房．241-260.

河村茂雄（1998）．たのしい学校生活を送るためのアンケート「Q-U」実施・解釈ハンドブック（小学校編）．図書文化．

河村茂雄（1999）．たのしい学校生活を送るためのアンケート「Q-U」実施・解釈ハンドブック（中学校編）．図書文化．

河村茂雄（2006a）．学級づくのためのQ-U入門．図書文化．

河村茂雄（2006b）．特別支援教育を充実させる学級経営．図書文化．

河村茂雄（2012）．学級集団づくりのゼロ段階．図書文化．

河村茂雄（2021a）．アクティブラーニングを推進する学習集団／学級集団づくりのためのアンケートWEBQU―解説書―．WEBQU教育サポート．

河村茂雄（2021b）．講師のための学級経営コンサルテーション・ガイド．WE-BQU 教育サポート．

河村茂雄（編著）（2022）．開かれた協働と学びが加速する教室．図書文化．

文部科学省（2007）．特別支援教育の推進について（通知）．https://www.mext.go.jp/b_menu/shingi/chukyo/chukyo3/044/attach/1300904.htm

文部科学省（2012）．新学習指導要領の基本的な考え方．

文部省（1992）．登校拒否（不登校）問題について——児童生徒の「心の居場所」づくりを目指して（学校不適応対策調査研究協力者会議最終報告）．

第4章

学級の「空気」を変える教師の指導行動

第1節　学級の「空気」は変化する

1　学級集団・学級の「空気」の変化の流れ

　第3章で学級集団の状態のタイプと学級の「空気」との関連を解説しましたが，学級集団に生起する学級の「空気」は，ずっと同じではありません。**学級の「空気」は，教師の学級集団づくりの展開による学級集団の状態の変化によって，建設的にも，非建設的にも，変化していきます。**

　学年当初の4，5月は「かたさ型」の学級集団か，「ゆるみ型」の学級集団，「拡散型」の学級集団の状態からスタートすることが多いです（前年度から学級編成替えがなかった場合を除きます）。

　そして，「親和型」型の学級集団を目指して，学級集団づくりをしていきます。適切に展開されると，第3章の第4節（p.63）で紹介した「自律的動機を高める同調圧力のある学級の『空気』」のある学級集団の状態が形成されていきます。

　しかし，学年当初の状態がしばらく続くと，各学級集団の状態特有の

「直接的なタテ関係の同調圧力に基づく学級の『空気』」（かたさ型），「ヨコ関係の同調圧力に基づく学級の『空気』」（ゆるみ型），あるいは，「無気力的なヨコ関係の同調圧力に基づく学級の『空気』」（拡散型）が定着してきます。

　さらに，2カ月を過ぎて本格的な学級活動が始まったとき，学級集団づくりの展開が非建設的になっていると，徐々に，「ネガティブなヨコ関係の同調圧力に基づく学級の『空気』」（不安定型）になっていきます。

　さらに，そのまま大きな改善がないと，「非常にネガティブなヨコ関係・タテ関係の同調圧力に基づく学級の『空気』」（崩壊型）のある学級集団になっていきます。変化の流れを示すと，下記の図のようになります（図4-1）。

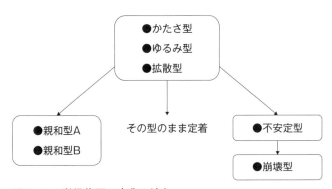

図4-1　学級集団の変化の流れ

　アクティブラーニングが推進される前の学級崩壊は，従来の「かたさ型」の学級集団から，子どもの欲求不満が攻撃行動として発散し合う，荒れている状態が目立つ反社会的な形で，不安定型から崩壊型へと崩れていくことが多くありました。

　しかし，その後，それとは違う形で崩れていくケースが増えてきました。

2 「学習集団不成立型」の学級崩壊

　2010年代になってくると,「ゆるみ型」の学級集団から,非社会的な形で学級崩壊になっていくことがとても増えてきました。学級内には,共有された学級目標も,それを具現化するための指針や期待される行動様式も乏しくなり,子どもたちはバラバラな状態で,気楽に話せるクラスメイトとだけ,ほどほどに関わっているという感じです。

　子どもたちは,相互に直接的に深く関わることも少なく,相互作用が枯渇した,学習性無力感を感じる状態です。学級は,全体的に烏合の衆のようになっており,まとまりや集団としての方向も見えない状況です。

　さらに,コロナ禍の自粛前後から,「拡散型」の学級集団から学級集団が崩れていく傾向も非常に増えてきました。最初の頃の学級は,大きなトラブルも少なく,一見平穏な状態に見えますが,学級集団の規律の共有とリレーションの形成は低い状態で,学級全体の活動や学習の成果も低いレベルにとどまっています。子どもたちには,学級への所属感,クラスメイトとの関わりが乏しく,人間関係の軋轢も起こりようもない状態です。仲がよいというわけではなく,相互に距離をとっているためにぶつからないのでトラブルも少ないだけという状態です。

　学級内は,マイナスの相互作用の生起も少ないのですが,プラスの相互作用もほとんど活性化しておらず,教育集団として子ども同士の相互作用から学びが生まれる状態からほど遠い状態です。

　この背景には,担任教師が学級開き当初から,計画的に学級集団の規律の共有とリレーションの形成,つまり人間関係づくり・学級集団づくりを適切に展開できていなかったとことが考えられます。

　このような状態の学級集団の中で生活・活動を続けていると,子どもたちは孤立・孤独になりがちで不安を抱えやすく,クラスメイトの様子に疑心暗鬼になりやすく,どんどん防衛的になっていきます。子どもたちは,教師から怒られたくないからといった「外的調整」や,友人にバカにされ

たくないからといった「取り入れ的調整」の動機も乏しくなり，無動機になっていきます。

　子どもはこのような状態に欲求不満を感じていながら，自分ではどうしようもない，どうすることもできない，そして，現状の学級の状態はこのまま変わらないというあきらめ感が漂い，無気力になっていきます。日々の授業や活動にも無気力になり，教師の指示にも不従順になり，仲のよい友人たちと私語をしたり立ち歩いたりと利己的な面のある行動をする状態になりがちです。

　近年の学校現場では，学級集団づくりに関して一定のパラダイムもなく，方法論も混沌としており，安定度の確立も難しくなっている現状が見られます。直接必要な個別支援だけをして，子どもたちの人間関係づくりや集団づくりの大きな方向づけを，計画的に積み重ねることができていません。自己選択・自律的行動や協働の仕方の学習が不十分な子どもに，そのレディネス・基盤づくりをすることもなく，自由にやらせるというのは，放任にも近いやり方です。

　この結果生まれるものは，集団とはいえない烏合の衆のような状態です。こうした中では子どもたちの多様性も受容されず，対立や差別が生まれることも多くなってしまいます。このような学級集団内での生活や活動は，「固定と序列」で管理されている学級集団の状態よりも，さらに学びの少ない状態になってしまいます。

　このような学級集団は，従来の「かたさ型」の学級集団から始まる荒れた学級崩壊には至らないのですが，子どもたちの学びがアクティブラーニングとなるような状態とは，真逆の状態です。これからの資質・能力の獲得が目指される時代では，このような学級集団の状態も，学級崩壊と考えていくべきだと切に思います。「ゆるみ型」の学級集団や「拡散型」の学級集団から始まり，協働が成立せず無気力感が漂っている学級集団の状態は，「学習集団不成立型」の学級崩壊といえます（河村，2021）。なお，学級集団の崩れが「不安定型」の低いレベルで留まっている場合もあります。

　「学習集団不成立型」の学級崩壊は，学級内の子どもたちは強く反発す

る気力も乏しくなっているので，教師個人の困り感は，従来の荒れた学級崩壊と比べて大きくはないかもしれません。意識しなければ，見過ごされてしまうこともあります。学級集団づくりが担任教師任せになっている学校では，このような学級が放置されることが危惧されます。実際は，子ども同士が学び合う機能が喪失した状態ともいえ，教育の場としてはふさわしくない学級集団です。そして，子どもの学級適応を著しく低下させる学級集団でもあります。

　そこで，次節では，まず，現在の子どもたちの心理的特性を踏まえて，教師が，学級の理想の状態といえる「自律的動機を高める同調圧力のある学級の『空気』」〈空気A〉を持つ「**親和型A**」の学級集団を形成するための指針を示します。

　その上で，第3章の第1節の末尾で解説した学級集団づくりの3つの段階（**目標・規律・関係づくり―協働づくり―協働学習づくり**〔p.83～84参照〕）ごとに，学級集団の状態を，p.105で説明した〈**空気B**〉レベル以下に退行させないための教師の指導行動のあり方を解説します。

　最後の「協働学習づくり」では，学級集団づくりに絞った形で，「親和型A」〈空気A〉の学級集団に至らず，「**親和型B**」〈**空気B⁺**〉の学級集団に留まる要因と，その空気を変えていく方法を解説します。

　教師の指導行動のあり方については，学級の初期の段階において多くの割合を占める〈空気B〉の「**ゆるみ型**」と「**かたさ型**」の学級集団を形成しがちな教師のよくとる指導行動を基準に，その指導行動の不十分な点を示し，その後，改善のポイントを解説します。

　なお，「拡散型」の学級集団を形成しがちな教師の指導行動は，そもそも計画的な働きかけがとても乏しく，かつ，乏しい働きかけの内容も拡散しており，一貫した方向がないため，子どもたちに伝わりにくいです。そのため，本書では，「拡散型」については細かくは取り上げませんが，指針としては「ゆるみ型」になりやすい教師の指導行動のあり方を参照してもらいたいと思います。

　いずれの場合も，問題は，学級集団づくりのルールとリレーションの統

合した確立に関する指導行動の不十分さの背景に、その必要性の理解が乏しく、計画的に取り組んでいない面があることが考えられます。

第2節　自律的動機を高める同調圧力のある学級の「空気」を持つ学級集団を形成する指針

現代の子どもたちは自己中心性が強く、対人関係を建設的に調整しようとする行動に乏しく、問題に直面すると防衛的に対処する傾向がある（文部科学省，2011）ことが指摘されています。

協働活動・学習の場を設定しても、子どもたちを機械的に参加させるだけでは、実際は、建設的な活動や学習にはつながらない可能性が高いです。子どもたちを協働に向かわせるための対応を、計画的に確実にやっていくことが求められます。

建設的な活動や学習につながる**「自律的動機を高める同調圧力のある学級の『空気』」を持つ「親和型A」の学級集団**を形成する学級集団づくりについて、**「安定度」**と**「活性度」**の2つの視点から考えると、協働活動・学習の基盤となる学級集団の安定度を一定程度確立し、その上で協働活動・学習の成果が高まるように活性度を高めていく、という2段階の流れになります。

●安定度
　学級が集団として成立していくための規律（ルール）と、メンバー同士の開かれた親和的な人間関係（リレーション）が統合されて確立し、協働活動ができる度合い
●活性度
　メンバーの存在・特性や考えが大事にされ、協働学習ではメンバー同士が建設的に相互作用をできる度合い

ただし，安定度を固定化しすぎると，活性度の形成が難しくなります（「親和型B」の学級集団に留まります）。
　第3章でも解説した「協働学習し合える学級集団の状態の形成の流れ」（p.83参照）を盛り込んで，「親和型A」の学級集団づくりの2段階の取り組むべき内容を整理すると，安定度の形成には次のような2つの段階があります（河村，2022）。

〔「親和型A」の学級集団づくりの段階〕
①協働学習活動の基盤となる，集団の「安定度」を一定程度確立する
　・目標・規律・関係づくり
　　（参加する意味と方法の理解，参加する不安の軽減）
　・協働づくり
　　（参加する動機づけ，不安を抱えながらの行動化，習慣化）
②協働学習の成果が高まるように，「活性度」が高まる支援をしていく
　・協働学習づくり
　　（同一化的な一体感から同一性の形成，「対話」の交流）

　上記のように，「安定度」の形成に「目標・規律・関係づくり」をしっかり取り入れることが，現代の子どもたちには必要です。「安定度」と「活性度」の視点から「親和型A」の学級集団を形成する方法の実際は，次の3ステップで展開されます。

〔「親和型A」の学級集団をつくる展開〕
①協働する集団を形成して活動していく意義・意味を，子どもたちに理解させる（安定度の準備）
　⇒「目標・規律・関係づくり」を確実に実施する
　　協働する集団を形成して活動していく意義・意味を，子どもたちに説明し，そのために必要な関わる際のマナーやルールを含めて理解させ，対人不安を軽減させていきながら，協働し合える学級集団

の形成に参画させていきます。

②協働する集団での活動の目的を理解させ,協働活動に関わる方法を教え,不安を抱えながらも協働活動に参加させ,習慣的にできるようにする(安定度の確立)
⇒「協働づくり」を計画的に継続的に実施する
　協働する学級集団での協働活動の目的を理解させ,協働活動に関わる方法を教えながら協働活動に参画させ,それを繰り返すことで不安を軽減させ,その意義を実感させて習慣的にできるようにしていきます。

③協働する集団での活動に充実感を見出せるようにして,協働活動・学習に自律的に取り組めるようにする(活性度の確立)
⇒「協働学習づくり」の取り組みを意識的に行う
　協働する集団での活動に充実感と自分なりの意味を見出せるようにして,協働活動に自律的に取り組めるようにし,対話を通した協働学習の取り組みをできるようにしていきます。

次節からは,上記の各段階について,具体的に説明していきます。

第3節 「目標・規律・関係づくり」の段階

1 「目標・規律・関係づくり」を確実に実施する

　学級集団生活のスタート時は,ともすると,集団の体をなしていない「拡散型」の状態になりがちですが,そうした状態を長く続けてはなりません。これからの学級集団づくりでは,「目標・規律・関係づくり」の段

階の取り組みは，しっかり時間をとって，確実に展開し，学級集団の安定度の基盤を確立していくことが求められます。この段階のポイントを説明します。

(1) 目標づくり

　日本の学校教育は，学級集団を単位にして，子どもたちに授業・活動や生活の体験学習を統合的に展開していくことに特徴があります。子どもには学級担任教師や所属学級を選ぶ選択権はなく，学校から割り当てられます。2000年頃までは，このようなことは，社会的に当然なことと考えられていたと思います。

　ただし，近年の不登校の増加は社会問題にもなっており，2016年には，「義務教育の段階における普通教育に相当する教育の機会の確保等に関する法律」が成立しました。

　この法律は，急増している不登校の子どもが，教育の機会を失わないように，学校復帰ではなく社会的自立を目指したもので，学校以外でも様々な学びの場を選択できるようにするものです。

　このような社会的な背景の中で，協働体験が乏しく，他者と関わる不安が強い子どもは，能動的に他者と関わり，協働活動に取り組んでいくことが少ないです。学級集団への所属や活動にもポジティブになれなかったりします。

　したがって，現代の子どもに対しては，学級集団に所属し，クラスメイトと関わり協働する前に，学級集団で協働することの意味や意義を教師がしっかり説明し，それを子どもが理解し受け入れられる下地をつくることが必要です。

　子どもが学級集団に所属する条件や，学級集団で行われる年間の活動内容とその魅力について，具体的に説明し，子どもたちから学級集団に参加し活動することの理解を得ることが必要だといえます。

　そのうえで，みんなでどのように学級集団で活動していくのかの学級目標を，子どもたちの願いを取り入れながらつくっていきます。学級集団づ

くりは「担任教師から一方的に提供されるもの」ではなく,「子どもたちも積極的に参加してみんなで形成していくもの」であることを,しっかり意識させていくことが大事です。

(2) 規律づくり

　学級目標を達成するためには,所属する子どもが集団生活や集団活動を,協働して行っていくことが求められます。そのためには,一人ひとりが取り組まなければならないことがあります。

　人々が集団で建設的に親和的に生活し活動していくためには,集団活動・生活のシステムを形成し,維持することが必要で,そのために一人ひとりが守るべきルールがあります。

　つまり,学級目標を達成するためには,学級のルールが必要であり,これらを子どもたちに理解させ,子どもたちも参加させて学級のルールをつくっていきます。

　このような手続きをすることで,学級のルールは,「教師が子どもたちを管理するための手段」ではなく,「みんなで仲よくやっていくための約束」になります。このプロセスは,子どもの自律性を高める上でとても大事です。

(3) 関係づくり

　人数の多い学級の中では,現代の子どもたちは気後れして不安になり,不安のグルーピンクで小グループを形成して,排他的に行動しがちになります。そこで,大きな学級集団の中で,新たなメンバーとの小グループに参加し,その中で行動することで,不安ながらも,学級のルールにそって,なんとか行動ができた,という体験を子どもたちに積み重ねさせます。このような体験が,子どもの不安を軽減させます。

　小グループとは,生活班や係活動の班で,人数は4人ぐらいが妥当です。4人ぐらいだと匿名性に隠れることもないので,その人の行動が自他共に明確となり,メンバー同士で具体的に認め合ったり,評価し合ったり

することができます。同時に，班に所属することで，物理的に孤立することを防ぐこともできます。

　小グループのメンバーの構成は，子どもたちの特性を押さえ，対立が起こる可能性が高い自己中心的な子どもが集まらないように，内気な子どもにさりげなく配慮できるような子どもを組み合わせるなど，個々の子どもが不安なく参加できるような構成が求められます。また，特に配慮が必要な子どもがいる場合には，その班には校内の特別支援コーディネーターの教師を配置するなどの二次対応が必要になります。

　「目標・規律・関係づくり」の段階が建設的に展開されると，子どもたちは，協働する集団を形成してみんなで生活・活動していく意義・意味をある程度理解していきます。それにつれて，対人不安も徐々に低下していき，学級集団の中でみんなと生活・活動することも，そんなに悪くはないなと思えてきます。

　学級には，子どもたちが，この学級での生活や活動の中で，「楽しいことができるかもしれない」「友だちができるかもしれない」，そんな期待が持てるような，そして「この学級のクラスメイトとは何とか関われそうだ」「みんなと一緒にやれそうだ」と感じられる学級の「空気」が少しずつ生起してきます。

2　「目標・規律・関係づくり」の段階で生じる非建設的な学級の空気とその対応

　一方で，前述した「目標・規律・関係づくり」の段階の取り組みが適切にできないと，学級内には非建設的な空気が生起してしまいます。

　代表的なものは，「ゆるみ型」の学級集団に生じる空気と，「かたさ型」の学級集団に生じる空気です。この項では，そうした学級集団になりがちな教師の指導行動，そしてその状態に対応するポイントを，順に説明していきます。

なお，2000年頃までは「かたさ型」の学級集団の状態が多かったのですが，近年は「ゆるみ型」の学級集団の状態がとても多くなりました。そこで，「ゆるみ型」「かたさ型」の順番に，それぞれ，学級集団の状態を説明していきます。

(1)　「ゆるみ型」の学級集団に生じる空気

「ゆるみ型」の学級集団になりがちな教師の指導行動では，最初の学級開きでは，学級の方針や規律の説明が穏やかになされ，教師のリーダーシップも厳しさを出すこともないので，子どもたちには堅苦しさは少なく気楽な面があります。しかし，学級のルールの定着や，授業・活動などでとるべき子どもの基本的な行動スタイルの確認は曖昧な状態です。

このような状態は，一見自由そうなのですが，逆に，人との関わり方が得意ではない子どもにとっては，どう動いていいのかわからず不安を生むものです。

自分の思いをどう出すのか・相手の言動をどう受け止めればいいのかがわからず，そのため，どういう態度をとったり行動したりすればいいのか戸惑い，周りのクラスメイトたちから非難されるのではないかと不安が強くなったり，全体の中で孤立するのがとても怖くなったりします。近年の子どもは，そうした傾向が特に強いです。

このような傾向のある「ゆるみ型」の学級集団の中では，全体の中での不安や孤立する不安から自分を守るために，子どもたちは，気楽な小さなグループに所属したいと焦ります。身近な小グループのメンバーたちに同調してでも，その小グループの一員でいたいと思います。不安のグルーピングです。

その結果，「ゆるみ型」の学級集団に生じる空気の問題が生じます。所属する小グループのメンバーたちと同調した行動をとらなければならないという，ヨコ関係の同調圧力の強い，学級の「空気」です。このような学級の空気の中で，子どもたちには，次のようなマイナス面が生起しやすくなります。

- ●学級全体という意識が持てず，少し気心の知れた3，4人の小グループに閉じて固まってしまう。
- ●身近な小さなグループ内での同調行動をとるようになり，学級のルールにそった行動よりも優先してしまう。

その結果，学級内にほどよい行動の枠組みもないため，徐々に全体にゆるみ感が出てきてしまいます。子どもの活動意欲もバラバラな方向に向かい，学級としてまとまろう・みんなで向上しようという意識が希薄化し，学級内はざわついた状態になってしまいます。

例えば，授業中に私語や手遊びが見られたり，勝手な行動や発言をしてしまう子どもがいたりして，授業を落ち着いて展開することがやや難しくなったりします。子ども同士の間で人間関係の軋轢が散見され，学級全体の活動も足並みが揃わず，成果も低調ぎみになっていくという具合です。

このような問題が発生する要因として，「目標・規律・関係づくり」の段階の取り組みの不十分さとしては，次の2点が考えられます。

- ●目標・規律・関係づくりの取り組みが行動化につながっていかない。
- ●小集団の班活動の取り組みが表面的になっているのが放置されている。

以下に，それぞれの状態について説明します。

1）目標・規律・関係づくりの取り組みが行動化につながっていかない

目標・規律・関係づくりの取り組みが教師側の表面的な説明のようになっているために，子どもたちにその意味や意義が十分に響いておらず，子どもたちも軽く考え，取り組まなければならないことも曖昧になっており，行動化につながっていかない状態です。

この場合，次のように，子どもたちに取り組むべき必要性や価値を，自分事として理解させることが不十分になっています。

- ●「自ら学級活動に取り組もう」という内発的な動機を子どもたちに喚起することができていない。
- ●「みんなで協働活動に協力して取り組むこと」はできればやる、というレベルでしかインパクトを与えていない。
- ●自分も取り組むのだと思える子どもの比率が少なく、多数の子どもはお客さん気分のようになっている。

　上記のような結果、取り組む意義を理解し、自らみんなをリードするように取り組む子どもも少なく、みんなどう行動するのかと互いに様子見をしている状態に陥ります。

　このような状態がしばらく続くと、学級の目標やそれを具現化するルールも、「絵に描いた餅」のようになっていき、子どもたちはなんとなく、誰かがやるのではないかと、みんな他人事になっていきます。

　学級内にルールや授業・活動でのとるべき行動スタイルが十分定着しておらず、子どもたちに互いの様子見が広がっている状態は、子どもの不安を強めます。そのため、様子見はますます広がってしまいます。

　こうした状態への対応は、以下の2つの取り組みが必要です。

a. 説明するというよりも、説得するという意識で伝える

　子どもが不安を抱えながらも勇気を出して学級活動に取り組もうとするのは、教師の強い思いに突き動かされることが多いです。取り組む学級活動について説明するときは、教師の学級活動に対する思いを、自分の人生体験を通して抱いた喜怒哀楽の感情を盛り込んで子どもに伝えます。

　穏やかで優しいというイメージだけではなく、節目節目の機会に、「先生は真剣に理想の学級集団をつくろうと思っている」という教師の本気度を、子どもたちに自分の言葉にして伝えます。

　その際、意識して次の3点を心がけます。

- ●話す際は，事前に話す内容を吟味して，自分の体験談や今の思いを必ず盛り込んで，2，3分ぐらいで簡潔に話します。大事なのは，子どもの感情を揺さぶることです。
- ●話す際は，少しあらたまった雰囲気の中で話すようにします。
- ●取り組めていない子どもたちを責めるのではなく，「私はこうしたいと思っている」ということを，一貫して率直に語ります。

　ポイントは，わかりやすく説明し理解してもらう以上に，教師の学級活動に関するビジョンに共感して，自分も参加したいと動機づけることです。聞いている子どもたちが，わくわくしてくるようにしていきます。
　そのためには，以前担任した学級のビデオを視聴させるなど，視覚化なども積極的に取り入れることが必要です。

b．子どもが自分事と感じられるようにする

　この取り組みの内容の柱は，「取り組む価値を高める」と「学習や活動の内容を構造化して，できそうだという見通しを高める」です。
　まず，「**取り組む価値を高める**」には，「**精緻化させる**」と「**成果のメリットを理解させる**」という2つのポイントがあります。
　「**精緻化**」とは，取り組む課題について，子どもが自ら取り組みたくなるよう，自分の過去の経験や，興味を持っていることに関連させて考えることができるように（自分事となるように）支援することです。
　例えば，取り組むべき内容は，前に○○のような楽しい経験があったけど，今年はみんなで工夫するともっと楽しくなりそうだとか，今年の文化祭での演劇は○○ダンスを取り入れてやりたいね，という具合に，取り組む内容について，個々の感情を揺さぶっていきます。
　もう一つの，「**成果のメリットを理解させる**」には，学習や活動に取り組んだ結果，もたらされるメリットや，自分なりの意味を，具体的に説明して理解させます。取り組む目標が達成されたときにもたらせること（充実感や自信の獲得なども含まれる）が，具体的にイメージできると，自分

なりにやってみたいという思いを高めます。

　一方、「**学習や活動の内容を構造化して、できそうだという見通しを高める**」には構造化が必要です。「**構造化**」とは、全体を構成する各要素と、それら構成要素間の関係を整理することです。学級集団づくりでは、年間の取り組み全体について、核となるイベントやハードルとなる主な課題について、分割して整理して理解させることを構造化といいます。

　構造化を活用して、できそうだという見通しを高める方法は、「**体制化**」と「**シェーピング**」という2つがあります。

　「**体制化**」では、学習や活動の内容をカテゴリーに分類して（類似しているものをまとめるなど）、複雑に見える課題をシンプルな課題のように感じられるように提示します。少し頑張ればできると思えると、まずやってみようと、行動化につながりやすくなります。

　「**シェーピング**」では、学習や活動などの取り組む内容を、現状から「簡単にできる内容のレベル」から「目標とするレベル」までを、徐々に難しい内容に至るように、細かなステップに分けて構成して取り組ませます。

　そうすることで、抵抗が少なく行動につながりやすくなり、できたという経験の積み重ねが、子どもに自信を持たせることにつながります。

2）小集団の班活動の取り組みが表面的になっているのが放置されている

　前述した1）「目標・規律・関係づくりの取り組みが行動化につながっていかない」状態の関連で、班活動のメンバーと十分にリレーション形成ができていない面があり、人間関係の不安が拭えない状態です。また、取り組む動機が自律的にならず、形だけ整えて取り組むようになっており、それが学級内に定着しそうな状態です。

　この場合、次の点の不十分さが決定的だと思われます。

- ●不安があり、無難に形を整えてやれていればいい、このレベルでみんなはやっているという認識が学級内に広がっている。

（根底に「みんなと同じレベルでやらないと批判されるかもしれない」という不安がある（身近な友人に評価されれば安心できる））
- 何を・どのように・どこまでやるのか，という基準が曖昧になっている。
- 工夫して取り組んでも，形だけやっても評価は変わらないので，最低限だけやった方が得であるという雰囲気がある。

　取り組みが表面的になってしまうのは，子どもたちのリレーションの乏しさからくる対人関係に関する不安が大きいからです。

　こうした状態への対応は，不安のグルーピングで構成された小集団の中で活動させていくのではなく，改めて生活班や学習班を組織し，最初から人間関係を形成しながら協働活動に取り組ませていくことが大事です。

　その際には，次の5つの主な柱があります。

a．対人関係に関する不安を低減させる取り組みを実施する

　子どもたちの実態に応じて，不安や抵抗が高まらないレベルからシェーピングして，協働活動をする前に，レクリエーション的な取り組みを事前に実施し，子どもの対人関係の不安を低減させることが大事です。

　最初は緊張緩和的な遊びの要素のある活動を設定して行動させていくことが，不安の軽減として有効です。

b．取り組まなければならないことを徹底して，取り組ませる

　「最低限これだけは確実にやる」という明確な取り組むべき行動の仕方を明確に示し，子どもたちに共有化を徹底してから，取り組ませるようにします。取り組む時間なども明示し，構成してから取り組ませます。

　その際，「**ルーブリック**」と呼ばれる評価基準を用いるとよいでしょう。ルーブリックとは，目標に準拠した評価のための「基準」つくりの方法論であり，学習者が何を学習するのかを示す評価規準と，学習者が学習到達しているレベルを示す具体的な評価基準を，マトリクス形式で示す評価指

評価レベル	/	取り組んだ内容
よくできた	4	取り組むべきことを、みんなが便利になるように、工夫したり、ニーズを取り入れたりして、取り組んでいた
できた	3	取り組むべきことを、一通りは取り組んでいた
もう少し	2	取り組むべきことのいくつかが、取り組めていない
もう一度	1	ほとんど取り組めていないので、もう一度取り組む

図4-2　ルーブリック評価の例

標です（図4-2）。

　ルーブリックは、何ができているとその評価なのかが明確なので、子どもが自分の取り組みの成果を自己評価する際に客観性が高くなります。取り組む前にルーブリックを確認させ、これから行う取り組みで何ができるようになったら評価が高くなるのかを意識させることで、自律的動機を高めます。

c．小さいルール違反でも決して曖昧にしない

　「ゆるみ型」の学級集団には、ヨコ関係の同調圧力の強い学級の空気の中で、できれば目立つような余計なことはしたくない、かつ、楽な形ですませたいという安易な思いが許される雰囲気が学級内にあります。

　このような中で、「ゆるみ型」の学級集団になりがちな教師は、適切な対応がとれない、あるいは、とらないことが多いです。ゆるんだなれあいの行動を放任していることが少なくありません。

　安易な行動を見逃すのは優しさではなく、最終的に子どもの自律を妨げることにつながります。厳しく叱責せよというのではなく、何をどのようにすべきか、きちんと指導してあげることが大事です。

　その際、**「ルールの対応に例外をつくらない」**ことが大事です。意識して次の3点に取り組むことが求められます。

●時間がかかっても、ルール違反はなぜダメなのかを、きちんと具体例

をあげて説明する。
- 要領よくルール違反をしている場合が頻繁に見える場合には，全体の場で学級集団全体の問題として取り上げて，みんなにルールを作成した意味を説明する。
- ルール違反は，みんなの約束を破る行為で，先生は残念だという思いを子どもに伝える。

不安からしてしまっている安易な行動や，やるべきことをやらないルール違反は，実はみんなでやろうと決めた約束を踏みにじる行為である，学級をダメにする，という学級の「空気」をつくることが大事です。

この点が曖昧になると，責任感の低い子どもの行動はよりレベルが下がってしまい，しっかりやっている子どもも徐々に行動しようとする意欲が低下し，学級全体の規律がなし崩しになっていきます。「ゆるみ型」の学級集団になりやすい教師こそ，こうした対応を確実にしていくことが必要です。

特に，「今日は○○だから，特別に掃除はなしでいいよ」的な人気取りな行動は，この段階では絶対に行うべきではありません。規律は小さなところからほころびてきます。小さなことでも，つらいときこそ確実にやる，という姿勢を子どもに見せることで，教師の取り組む意志の本気度を示します。

穏やかな先生だけど，やるべきことはきちんとやる先生なのだというイメージを，子どもに与えることが必要です。

d. 取り組みで子どもがソーシャルスキルを学べるようにする

この取り組みには，次の2つのポイントがあります。一つは，**「取り組み方を説明する際に，ソーシャルスキルを簡潔に教えていく」**ことです。

子どもが協働活動に建設的に取り組むためには，基本的なソーシャルスキルを獲得していることが必要です。そこで，「安定度の確立」と「活性度の確立」に際して，教師がその取り組み方を説明するとき，振り返ると

き，そのときの協働活動で必要とされるソーシャルスキルを簡潔に教えていきます。子どもたちに取り組ませながら身につけさせます。

ソーシャルスキルをトレーニングする際は，人間関係の形成と学級集団づくりを同時に進めていく際に活用できる学級ソーシャルスキル（CSS，河村他，2007，2008）を活用し，実態に応じてトレーニングしていくことが有効です。

例えば，「友だちが話しているときは，その話を最後まで聞く」などの対人関係のスキルや，「係の仕事をするとき，何をどうやったらよいか意見を言う」などの集団活動で用いるスキルです。

もう一つのポイントは，**「班活動でルールにそって活動している子どもの行動を積極的に認めて，そのような行動を学級内に奨励していく」**ことです。

学級のルールがしっかり定着し，子どもたちがある程度行動できるようになるまでは，全体を認めるとき，しっかり取り組んでいる子どもを認めるときには，ルールに関連させて，評価される行動はどのようなものなのかを絡めて説明して，行います。学級内で奨励する行動の仕方を，モデルとして示していきます。

e．取り組みで認められ感が満たせるような場面を設定して取り組ませる

取り組みでは，活動の中に子ども同士が無理なく交流できるようにし，振り返りの会では能動的に一人一人が認められるような展開のひな型を，b．で示したようなルーブリック（p. 126）などを参考に取り入れることが大事です。

このような展開を繰り返し，少しずつ習慣化できるようにしていきます。展開パターンのひな型，取り組む時間も同じにすることで，子どもたちがいちいち教師に言われなくても活動できるようにします。

また，学級全体活動での成果，楽しかった体験の後は，教師のまとめの言葉の中で，成果や楽しかった要因として，学級のルールに言及して，どのような行動が効果的だったのかにふれて説明していきます。

このようにして，子どもたちが行動していく指針を示し，学級内に奨励していくことで，行動化を促していきます。

ここまで紹介したa〜eの5つの対応策の成果を高めるのは，教師の行動です。

教師は日頃から，自ら意識してルールを守って行動します。学級のルールを守ることを，言葉で言う前に，まず自らの行動で示していきます。教師の教室内での具体的な振る舞いが，子どものモデルとなるようにします。そして，教師と一緒に自主的に学級のルールを守る子どもを，一人ひとり増やしていきます。

(2) 「かたさ型」の学級集団に生じる空気

「かたさ型」の学級集団になりがちな教師の指導行動では，指導性の強さが背景にあり，教師やリーダー格のクラスメイトなどに従わなければならない，みんなと同じようにしなければならない，自分の本音の思いを素直に出してはならない，というような空気が強まっていきがちです。つまり，タテ関係の同調圧力が強くなっていきます。目の前の子どもたちの心理的特性は，「ゆるみ型」の学級集団の子どもたちと変わらないにもかかわらずです。

その結果，学級内の心理的安全性が低く，子どもたちは緊張感が強くなり，次のようなマイナス面が子どもたちに生起していきます。

- ●学級内の活動や生活に，「やらされ感」が高まってしまう。
- ●フレンドリーな人間関係が築きにくくなり，協働活動も建設的に展開できにくくなる。

その結果，学級内では「〜しなければならない」というやらされ感が高まり，徐々に全体に重圧感が漂ってきます。このような中で，教師の期待に応えられるレベルによって，子どもの活動意欲とそれに基づく行動もバ

ラツキが出てきます。

例えば，授業中に教師の出す課題に積極的に挙手をして発言していく一部の子どもたちと，自ら発言もせずに板書を写すだけのような消極的な子どもたちと，二極化していきます。その結果，子ども同士の人間関係も希薄になりがちで，学級としてみんなでまとまろうという意識も低下し，学級はピラミッド型のような状態になってしまいます。学級全体の活動も低調ぎみになっていくという具合です。

このような問題発生要因として，「目標・規律・関係づくり」の段階の取り組みの不十分さとして，次の2点が考えられます。

- **説明の意味の理解が十分得られず，やらされているようになっている。**
- **小グループの班活動が，課題を達成するための手段になっている。**

対応のポイントの基礎は「ゆるみ型」の学級集団への対応（p.124～130）とほぼ同様ですが，その中でも特に，「かたさ型」学級では，「ゆるみ型」の学級集団で紹介した下記の項目の徹底が必要です。

- **「目標・規律・関係づくりの取り組みが行動化につながっていかない」場合**
  ・子どもが自分事と感じられるようにする（p.124参照。なかでも「精緻化させる」取り組み）。
- **「小集団の班活動の取り組みが表面的になっているのが放置されている」場合**
  ・取り組みで子どもがソーシャルスキルを学べるようにする（p.128参照）。
  ・取り組みで認められ感が満たせるような場面を設定して取り組ませる（p.129参照）。

さらに，上記に加え，「かたさ型」学級の対応では，ポイントになる点

があるので，以下にそれぞれの状態への対応について説明します。

1）説明の意味の理解が十分得られず，やらされているようになっている

　教師の「目標・規律・関係づくり」の取り組みの説明が一方的になりがちなことが想定され，子どもたちはその意味や意義が十分に納得できておらず，上から課題を与えられたようになっている状態です。

　教師に「子どもは学級活動にみんなで協力して取り組むことが当然である」という意識が強い面があり，教師役割を前面に出して説明する傾向が考えられます。そのため，学級開きの説明が，子どもに毅然と課題を与えるような雰囲気になっていると思われます。

　子どもたちは取り組むべき必要性は一応理解できていますが，感情的に十分納得はできてはおらず，自ら学級活動に取り組もうという意識と意欲が十分に喚起されていません。

　このような状態で，教師から質問や願いを問われても，子どもたちからは意見表明されることは少なく，みんなで同意した形で活動が開始されていきます。ただ，子どもには抵抗感が残っていることが多いです。

　このような中で，教師の期待に応えて取り組む一部の子どもの存在に安心し，「かたさ型」の学級集団になりがちな教師は，やや強引に活動を進めてしまっている面があり，多くの子どもたちは「やらされ感」が強くなってしまっていると思われます。

　この段階は，学級活動に「取り組まなければならない」と子どもたちに理解させること以上に，自ら，みんなと「取り組みたい」とわくわくさせることが大事です。

a．教師の失敗談を織り込みながら見通しを持たせる

　「かたさ型」の学級集団になりがちな教師は，ルールの確立といった「構造化」はしっかり行っていると思います。ただ，その取り組みが，子どもたちの「やってみよう」という気持ちをあまり喚起できておらず，

「やらなければならない」で終わっていることが多いです。

p.124で、ルールの確立の必然性を説明するときは、たてまえを掲げたり、抽象的な言葉で整然と話すのではなく、子どもの身近な関心事に関連する具体例を取り入れ、自分事と感じられるようにする（精緻化させる）ことを指摘しましたが、さらに、説明の中で、教師の失敗談の自己開示を意識して話します。

教師の失敗談の自己開示は、「失敗したけど最悪」ではなく、いくらでもやり直してやればいいという、「結果ではなく、取り組むプロセスの大事さ」を実感させることにつなげていきます。それによって、子どもたちは、失敗したら恥ずかしいという不安を緩和して、チャレンジしてみることが大事なのだ、と思えるようになっていきます。

b. 教師もルールにそった行動を積極的にとり、子どものモデルとなる

「かたさ型」の学級集団では、教師に管理されているという雰囲気を低下させることが必要です。そこで、学級のルールはみんなでいい学級をつくるための約束であり、教師もそれに従って行動しているという姿勢を、子どもたちに見せていきます。

その結果、子どもの「やらされ感」が低下していくだけではなく、教師の姿勢が行動するモデルとなり、子どもも自らルールにそった行動をするようになっていきます。

2) 小グループの班活動が、課題を達成するための手段になっている

前述した1) の「説明の意味の理解が十分得られず、やらされているようになっている」という状態の延長線上で、小グループの班活動が、教師が期待する態度や行動を身につける場になっている面が強いと、取り組むことに抵抗が強くなっていきます。さらに、メンバーとのリレーション形成が乏しく認められ感が少ないと、取り組む動機が自律的になりにくく、「やらされ感」が高まったままになってしまいます。

こうした状況では、班活動や係活動の振り返りの会が、「活動ができた

かどうか」のチェックと,「できなかったこと」に対する反省会のようになりがちです。この段階で大事なのは,「できたかどうか」ではなく,「自ら取り組めたかどうか」です。したがって,次のような対応が求められます。

a. 班活動の振り返りに,認め合いの場を設定して承認感を高める

取り組むプロセスで,工夫ができたり前向きに取り組めたりしていた点に対して,周りのメンバーが積極的に注目し,認め合えることが必要です。必要なら,「認め合いカード」などを使用して展開するのもいいでしょう。

つまり,他のメンバーからの承認を得て,「もっと自ら取り組もう」という子どもの自律的な動機を高めることが大事です。振り返りは,「結果に対する反省会」ではなく,「取り組んだプロセスに対する認め合いの会」となるようにします。

特に,**リーダータイプ以外の子どもたち**の地道な取り組みを,しっかりと取り上げ,その行動の意味づけをしてあげ,グループみんなで認め合えるようにしていきます。

b. 役割をローテーションさせ,他のメンバーの頑張りを認められるようにする

「かたさ型」学級では,教師が期待する態度や行動を身につけられない子どもたちに対して,能力の高いできる子どもをリーダー的な存在として固定して,班内でタテの関係で定着の徹底を目指す形になっていくやり方をとっていることが考えられます。短期間で成果をあげるのに効率的だからです。そして,この背景には,取り組みを評価する視点が,プロセスではなく,結果主義になっている傾向が考えられます。

しかし,これでは取り組みを通したメンバー間の対等なリレーションの形成が活性化せず,結果を出せていない子どもたちは,自律的な動機で取り組むことができなくなります。

そこで,班活動の取り組みの中で,いろいろな役割をローテーションさ

せて，体験学習できるようにすることを行っていきます。様々な役割の体験を通して，他者を認める視点も広がり，同時に，他者から認められる機会も増えるようにしていきます。

　役割を通して能動的にいろいろなメンバーと関わり合ったり，すべてのメンバーの頑張りが認め合えったりすることで，子ども同士のリレーション形成を促進していきます。

　1）や2）のような状態を放置してしまうと，子どもたちは，「教師に怒られたくないから」という外的調整や，「みんなと同じようにできずにバカにされたくないから」という取り入れ的調整で取り組む雰囲気，つまり，特有のタテ関係の同調圧力の強い，学級の空気が強まってしまいます。

　また，教師の期待する行動をする子どもも，「自律的にやっている」というよりも，「教師から高く評価されたい」という同一化的調整で取り組む面があります。このような状態では，結果として教師からやらされている形で取り組んでいるので，子どもの真の自律性や協働性は高まりません。

　自律的に行動できる人を育成していくためには，親や教師の言うことを素直に聞いて指示された通りに行動できる姿勢を定着させることも大事ですが，それ以上に，自ら考えて試行錯誤して行動していく姿勢の形成が必要です。そのためには，課題を達成できたかどうか以上に，自律的な動機で取り組めるように，促していくことが大事です。

3　「目標・規律・関係づくり」の段階のまとめ

　学級生活が始まる最初の1～2カ月は，「安定度」の確立の第Ⅰ期の「目標・規律・関係づくり」の段階で，所属する子どもたちが協働学習し合える学級集団の形成に参画させていく段階です。

　バラバラな子どもたちに，**協働する意義を理解させ**，それを基に，**最低限の対人関係の取り方の方法論を理解・共有させ，協働する際の対人関係**

の不安の軽減と協働する動機づけをして，**行動させていく**段階です。学級集団づくりにおいては，この段階の達成の度合いこそが，その学級特有の空気を生み出す基盤になります。

　子どもは，所属する学級集団がバラバラでカオス状態になっていると不安が高まり，様々な**防衛的な行動**をとるようになります。防衛的な行動をとっている人は自分の不安への対応に精一杯なので，他者や学級集団全体を思いやり，協働的な行動をとろうとはしません。

　このような状態が人間関係をギクシャクさせ，ストレスを増加させます。結果として不安をさらに高め，より子どもたちの不安のグルーピングを強めていきます。

　そして，こうしたマイナスのスパイラルが，学級集団を非建設的な流れに方向づけていくことになります。2020年からの３年間のコロナ禍の自粛期間を経て，この傾向が特に顕著になってきました。

　したがって，教師は，この「目標・規律・関係づくり」の段階の取り組みを，能動的に，計画的に確実に展開していくことが求められます。子どもたちが，学級のみんなで協働する意義を理解し，学級のルールにそって建設的に協働して行動できる基盤を形成していくことが求められます。

　この段階の取り組みの目安として，**「学級で協働活動・学習する意義を理解し，自律的動機で取り組める」ような，学級集団の核になる子どもたちが30％を超える**ようになることが大事です。共有する目的を持って同様の方法論で行動しているメンバーたちが３割を超えると，集団に全体的な流れが生まれてきます。

　ただし，この段階の時期は，学級の目標とルールにそった活動ができない非社会的・反社会的な行動をする子どもも１～２割はいます。また，半数の子どもたちは，自律性の低い動機で付和雷同的に学級内の活動に取り組む傾向があります。

　このような中で，学級集団づくりは次の段階に入っていきます。自律的動機で取り組める30％の子どもたちを学級集団の核として，学級集団をより大きく建設的にまとめていきます。

教師は，意識して能動的に対応して，子どもたちが能動的につながって，より大きな集団で活動することを通して，より大きな充実感を実感できるようにしていきます。その流れの中で，子どもたちからの教師に対する信頼感も高まっていきます。

　次節では，そうした次の段階について，説明をしていきます。

第4節　「協働づくり」の段階

　新たに編成された学級も2～3カ月目に入ると，学級内には，子どもたちの人間関係が固定化してきて，特有の空気が定着してきます。「安定度」の確立の第Ⅰ期を「目標・規律・関係づくり」とするならば，第Ⅱ期は，**「協働づくり」** の段階です。

　この段階は，第Ⅰ期で形成された学級集団の土台を前提に，子どもたちに学級での協働活動に取り組むことを通して，学級をより大きな教育力のある（主に安全度の向上）集団に形成していくことに寄与させながら，資質・能力を育成していく段階です。学級集団内で，子どもたちが「小集団」から「中集団」，最終的に「全体集団」で，協働活動ができるようになることを目指します。

　学級集団内で子どもたちが小集団から中集団以上になって活動できるようになるには，複数の小集団が連携できなければなりません。学級集団の状態が不安のグルーピングの小集団で固まっている状態では，中集団や全体集団になって行動することはできません。

　学級集団が中集団や全体集団になって活動できるようになる連携を支えるのが，子どもたちが学級の目標を理解しルールを内在化させ（自律的な動機で），他のクラスメイトとリレーションを持って協働できるようになることです。

　なぜなら，7～8人以上の中集団や全体集団では，**「匿名性」** が生起しやすく，自律的な動機の低い子どもが「誰も見ていないから」と取り組み

の手がゆるむ可能性，「リレーションを持てていない」と全体活動に対する責任感が低下する可能性が高まり，結果として全体の成果が低下してしまうからです。なお，匿名性とは誰であるかが秘匿されており，わからないようになっている状態です。

「協働づくり」の段階の当初は，学級内の子どもたちの半数は自律性の低い動機で活動する傾向があり，個別対応が必要な非社会的・反社会的な行動をとりがちな子どもたちも一定数存在する可能性もあるため，自律的動機で活動できる子どもは30％ぐらいにとどまります。したがって，「協働づくり」の段階でも，「生活班」「係活動」のグループによる小集団の取り組みはリレーション形成の必要条件です。この活動で，子どもたちの自律性と子ども同士のリレーションの形成を支えていきます。

さらに，十分条件として，学年・学校行事への参加，学級全体のイベントに中集団や全体集団を単位に建設的に取り組ませていくことが，大事になっていきます。

教師は，これらの取り組みのプロセスを通して，「協働づくり」の段階の目標として，子どもたちが自律的な動機で協働活動に取り組めるように支援していきます。授業や様々な活動で，すでに自律的に活動できている子どもと他の子どもたちが一緒になるように組織して，目標・ルールにそって自律的に活動する流れに，すべての子どもたちを巻き込みながら，学級全体として大きな流れを形成していきます。

なお，第Ⅰ期の「目標・規律・関係づくり」での取り組みが十分達成できていないと，「協働づくり」の段階で，子どもたちの防衛的な状態を前提に，その対応を丁寧にしていかなければならなくなります。ですので，本節では，「目標・規律・関係づくり」の段階がある程度達成できたという前提で解説していきます。

1 「協働づくり」の段階で必要な取り組み

「協働づくり」の段階は，学級での本格的な協働活動が展開される時期

であり，最終的に自律的に行動できる子どもが70〜80％になるように組織していくことを目指します。自律性が乏しく意欲が低下した子どもたちが学級の30％を越えてくると，後ろ向きの防衛的行動をとる子どもが増えてきて，逆に，学級集団は退行・崩れが始まっていきます。

つまり，「協働づくり」の段階は，年間の学級集団づくりの大勢を決定的にする時期であり，この段階がうまくいかないと，知識伝達型の授業などが適切にできないような学級集団になってしまいます。

なお，学級全体での取り組みといっても，行動レベルでは中集団で活動することが多いです。その中集団も2〜3の小集団が組み合わされたものですので，具体的な中集団の活動も，小集団の単位に役割を分業して行われることがほとんどです。

したがって，この段階では，そうした小集団が比較的仲のよいメンバーで形成されるのではなく，目的達成に一番適したメンバーで構成されることが大事です。くれぐれも，不安によって固まっているような不安のグルーピングとなるようなメンバー構成にしてはなりません。

また，全体のリーダーや中集団のリーダーも固定しすぎず，ローテーションしていくことが求められます。すべての子どもたちにいろいろな役割をこなす体験をさせ，そこから資質・能力を獲得させていきたいからです。

この段階では，「目標・規律・関係づくり」の段階で解説した班や係などの小集団活動を，日常の協働の基盤の維持のために確実に実施しながら，さらに，学級全体の活動に対して，次の3つのポイントを確実に押さえて取り組ませていくことが求められます。

●学級全体で取り組むにあたって，習得目標を設定して共有させる。
●中集団の活動の内容を構造化して，できそうだという見通しを高める。
●活動を通して一体感と自己有用感を実感させる。

以下に，順に説明していきます。

(1) 学級全体で取り組むにあたって，習得目標を設定して共有させる

　学年・学校行事などの学級全体のイベントに，学級集団としてどのように取り組んでいくのかをみんなで話し合わせ，「習得目標」を設定し，それを楽しく取り組めるようなビジョンを共有させます。

　「目標」は人の行動を喚起させますが，どのような目標を持つかによって動機づけに大きな影響を与えます。行動をするときにある目標を「目標志向」といい，習得目標志向と遂行目標志向に大別されます。学級集団全体の取り組みとして「習得目標」で活動するように方向づけることが必要です。

　習得目標志向とは，取り組む課題に対して，それを達成するために自分が努力して能力を伸ばしたり，メンバーで協力し合ったりして挑戦的に取り組み，課題達成を目指す志向です。このプロセスで，自己効力感や自己肯定感が獲得できたり，協調性などが高まります。

　ただ，自己肯定感・自己効力感が低い人などは，**遂行目標志向**になりがちです。遂行目標志向は，自分のプライドを維持すること・他者評価が下がらないことが優先され，課題に対して，確実にできそうなら取り組んで自分の高い能力は誇示し，そうでない場合は，失敗を回避したいと欲して取り組まないような志向です。

　不安のグルーピングの理由から小集団で活動している現代の子どもたちには，特にこの傾向が強く，学級内に遂行目標志向の空気が満ちやすくなります。

　その結果，体調が悪いからなどといった取り組まないことを正当化するための理由を探したり，塾が忙しくてやる時間がなかったので仕方がなく取り組めなかったなどと言い訳したりしがちです。こうした「空気」が困るのは，前向きに取り組んでいる他の人の足を引っ張ることがしばしば見られることです。

　したがって，習得目標志向で学級全体が動けるように，みんなの意識がより前向きになるようなビジョンを掲げ共有していくことが必要です。そ

のためには，「目標・規律・関係づくり」の段階で説明した，取り組む価値を高める，できそうだという見通しを持たせるような対応を，確実に実行していくことが必要です。以下，具体的な取り組みを紹介していきます。

1）習得目標で動きやすいルールを再設定する

「協働づくり」の段階に入ると，大きな行事の少し前などに時間をとって学級会やホームルームを設定し，子どもたちの目標意識を高め，意欲の喚起をすることが多いと思います。その際に，今までの学級の様子を踏まえ，これからの活動目標（習得目標）を達成するために，みんなで守るべきルールを，子どもたちに話し合わせ，新たに定めます。

この時のルールは，より広い人間関係が構築でき，大きい集団で活動できるように，今までのルールを，実態に合わせて微修正していく形になります。

「目標・規律・関係づくり」の段階よりも，集団としてより成熟を目指したものになるように，すでに定着してルールとして確認しなくてもよい内容は，みんなでルールとしなくても守ることを約束して外します。そして，習得目標達成につながる行動や態度につなげるためにルールを設定します。例えば，次のような取り組みが必要です。

2）学級の「空気」が遂行目標に流されないように布石を打つ

習得目標による新たな取り組みは，新たな学習や努力が必要となるため，最初は大変に感じることも多く，遂行目標志向で失敗を回避しようとする人は「やらなければよかった」などと弱気になりやすかったりします。新たな取り組みに際して，最初の学習が重たく感じたり，戸惑ったりすることが多くなり，愚痴っぽくなって，リードする人（教師やリーダーの子ども）を批判することが多くなりがちです。

「協働づくり」の段階に入ったばかりの時期は，遂行目標志向の子どもの方が多いので，このような状態にある子どもたちの揺らぎを放置するのは危険です。ただし，安易にチャレンジを鼓舞するだけでは，逆に不安を

高めることにもなりかねません。

そこで、まず最初に、習得目標による新たな取り組みは不安を喚起しやすく、気分が重くなってリーダー的な子どもたちとギクシャクしやすくなるなど、このような状態で起こりがちなことを率直に子どもたちに話すことで、機先を制しておくことが必要です。

そして、教師自身も、このようなとき、失敗したり戸惑ったりしたけれど、頑張ればそのプロセスで得るものが多かったことを自己開示することが大事です。このような指導が、失敗したら恥ずかしいという子どもたちの不安を緩和して、チャレンジしてみることが大事なんだ、と思えるような学級の「空気」の形成に少しずつつながっていきます。

(2) 中集団の活動の内容を構造化して、できそうだという見通しを高める

全体で活動する際は、事前に、目標や、それに向かうための中集団の活動の展開の流れを構造化して、「できそうだ」という見通しを高めることが大事です。

構造化についてはp.125で説明しましたが、さらに、次のような取り組みも必要です。

1）目標に向かうマイルストーンを具体的に説明する

マイルストーンとは、取り組むプロジェクトの中間目標地点です。活動する際は、事前にどのような行程で活動を進めていくのか説明します。その際、取り組む行程のポイントとなる中間目標地点を示し、「具体的な活動の仕方」を確認していきます。

例えば、11月の文化祭に学級全体で演劇をやるとなったとき、「6月の今から何をやるか少しずつ考えておきましょう」では不十分です。曖昧な言い方では、子どもたちが意識して取り組むのは、結局は夏休み明けから、といったことになりがちです。

そこで、取り組みについて最初に説明する際に、次のような途中の目標・目安を明らかにしてから取り組ませます。「10月に入ったら本番のよ

うに練習していきたいので，逆算すると次のようにできるといいですね。6月中にリーダーグループを中心に脚本を決定する。7月は配役や役割分担をし，各担当でグループを結成して準備・練習の計画を立てて活動を開始する。夏休みに入ったらグループごとに自主的に活動する，8月に入ったら，……」といった具合です。

そして，節目節目のホームルームで，定期的に取り組んでいる状況を確認する場を必ず設定します。そうすることで，子どもたちは最初から意欲的に取り組むことができます。

その際，次の点も念を押しておくことが大事です。

2）子どもの各自の役割の内容を，学級内で見える化する

活動する際は事前に，各グループの目標や，各自の役割分担された内容が学級内のみんなにわかるように見える化します。中集団以上での活動では，匿名性が生じやすいため，個人の役割内容が曖昧になりやすく，意欲が低下し行動化も鈍りやすいです。そのことがルールの形骸化を生じさせ，結果として，学級全体での活動の成果が低下し，学級集団の状態も退行していく可能性が高まります。

それを防ぐために，「リーダー」「フォロワー」の各役割の内容，責任範囲，期待される行動・無責任となる行動について，一つ一つ教師がリードして具体的に説明し，全員で確認することが求められます。その際，様々な役割の意味と行動の仕方について，しっかり確認させていきます。

そして，マイルストーンごとに会を設定して確認することで，曖昧になって意欲が低下しないようにして，行動化を促していきます。このとき，期待される行動につながる「能動的な援助」「集団への能動的参加」「リーダーシップの発揮」「自己主張」などの仕方に関する学級ソーシャルスキル（CSS）を説明し，ひな型の台詞を用いて簡単なトレーニングをすると効果的です。

習得目標での取り組みで生まれた，学級全体の成果が高まるように，みんながより快適に生活できるように，自ら進んでやっていこうという意識

は，どのように行動すれば効果的か，これに関する学級ソーシャルスキル（CSS）をトレーニングします。みんなからどう思われるかという不安で行動化できないような「空気」を，スタンダードな行動の仕方を身につけさせることで，能動的に消去していくことが大事です。例えば，「やってない人もいるからまだ取り組まなくても平気」ではなく，「今これをやるときだから，やってない人に声をかけてやろう」といった行動の仕方です。

(3) 活動を通して一体感と自己有用感を実感させる

協働する意欲を高めるには，学級全体の活動を通して子どもたちに一体感を体験させ，その意義をきちんと実感させ共有・意味づけさせたりする，みんなに貢献できた・必要とされる喜びを体験させたりすることが大事です。これは，次のような3つの心理的作用をもたらします。

1）所属集団が準拠集団になる

行事など学級全体で取り組んだ活動の後には，必ず振り返りを行います。「目標・規律・関係づくり」の段階での振り返りでは，個人レベルの相互の認め合いを通して，承認感を獲得し，子ども同士のリレーション形成を目指しました（p. 119参照）。「協働づくり」の段階では，個人レベルの振り返りのあとに，学級集団としての意味を問う振り返りを行います。

学級のみんなとの協働活動を通して，クラスメイトたちと協力し支え合ったことの喜びを共有し，みんなで協働できたからこそできたこと・取り組めたことをきちんと意味づけします。このような振り返りの活動が，集団の一体感，準拠性を育成していきます。

こうした取り組みの結果，機械的に所属させられた学級集団が，児童生徒たちにとって「準拠集団」になっていきます。**準拠集団**とは，個人がある集団に愛着や親しみを感じるなどの心理的に結びつきをもち，自らその集団に積極的にコミットしたいと考えるようになった集団です。

人は，「愛着や尊敬の念を持つ人や集団（準拠集団）」に同一化し，「そのような人（人々）と同じようになりたい」と欲するようになり，その人

（人々）の行動や考え方を自らモデリングするようになります。

　子どもは，学級集団を準拠集団であると感じると，その学級のクラスメイトたちと相互作用している中で，徐々に「準拠集団」である学級集団の中で大切にされている価値観や行動の仕方を自然と身につけるようになります。これが「**集団の教育力**」です。

2）集団効力感が高まる

　準拠集団になった学級集団では，「**集団効力感**」が高まっていきます。集団効力感が高い学級集団では，次のような学級の「空気」が生まれます。

「この学級の仲間たちと一緒なら頑張れる」
「この学級の仲間たちとなら，新たなチャレンジもすることができる」

　集団効力感とは，集団のメンバー一人ひとりの**自己効力感**の相互作用によって，集団全体が「目標を達成できる，成功できる」と認識する有能感，自信のことです。高い集団効力感を持つことで，組織や集団はより高い目標を掲げて積極的な行動を行えるようになり，成果の向上とともに，所属するメンバーたちの自己効力感の向上も期待できます。

　自己効力感は「自分もできる」という自信で，「どうせやっても仕方がない」という**学習性無力感**と正反対の概念です。日本の子どもたちは自己肯定感や自己効力感が低いといわれがちですので，集団効力感の作用は大事です。

3）満足の法則が成立する

　「協働づくり」の段階が建設的に展開されると，小集団・中集団や全体集団でメンバーたちと活動することを通して，協働活動の目的や意義が実感でき，協働活動をすることが楽しくなったり，充実感を得たりすることができるようになります。そうなると，自律的な動機で協働活動に取り組めるようになってきます。

これが心理学者のソーンダイクが提唱した「**満足の法則**」です（Thorndike, 1898）。人は，最初はやらされて取り組んだことでも，やっている中で楽しくなったり満足感を持てたりすると，その後は自発的に取り組むようになります。

　「個」と「集団」は相即不離な関係にあり，個を活かし育てるには個を受容し大切にする集団が必要であり，個を受容し大切にする集団の中でこそ，人は個性も社会性も形成されていきます。子どもの自律性と協働性は，個と集団との相互作用で，同時進行で形成されていく面があります。

　つまり，学級集団づくりの取り組みは，子どもたちを協働活動や集団づくりに参画させることを通して，個々の人間育成を，表裏一体で，同時進行で育成すること目指すものです。

　したがって，学級集団で，「主体的・対話的で深い学び」となる協働学習が成立するためには，子どもたちが所属する学級集団が，子どもたちにとって「心理的安全性」が高い「準拠集団」となり，「集団効力感」が高く，「習得目標」でみんなで学び合っていく「学習する組織」になっていることが必要条件となります。

　この必要条件を満たしている学級には，子どもたちが「この学級には自分の居場所がある」「学級のみんなとなら頑張れて，目標達成ができる」「学級活動に自分なりに貢献することができる」といった意識が持てるような学級の「空気」が生まれます。「この学級のクラスメイトには素の自分を出すことができ，自分を受け入れてくれる」「みんなと一緒にやると満足感が得られる」と感じられる学級の「空気」が生まれます。

　その際には，次の2つの点に取り組むことが大事です。

a. 学級集団の空気を建設的に維持している子どもを積極的に評価する

　学級集団での活動をリードする子どもたちは，誰からも注目されやすいです。そういう子どもがみんなから承認されやすいのは自然の流れです。

　ただ，対人関係に不安を持ちがちな現代の子どもたちが所属する学級集団では，目立たないかもしれませんが，集団の空気を建設的に維持してい

る子どもを，積極的に評価していくことが必要です。

　組織や集団は，現状のままふつうに存続させていくだけでも，日々，隠れた人間関係間や役割間の調整が必要です。メンバーの中には，不平家や責任感の乏しい人，利己的な人が必ずいるものです。そして，楽な方の行動に流れがちになるのが人情です。そういう人に根気強く働きかけたり，集団が明るく・前向きに活動する雰囲気を形成することに貢献したりしている人は，とても重要な存在です。

　教師はこのような働きを進んでやっている子どもを意識して見出し，認める言葉がけをするなど，確実に評価することが大事です。「目標・規律・関係づくり」の段階までは，そのような働きは，教師が意識的に取り組んできたことです。しかし，「協働づくり」の段階では，そのような働きをする子どもを増やしていくことが求められます。それが最終的に，協働学習ができる，フラットで心理的安全性の高い学級集団を形成する基盤になります。

　このような取り組みをしている子どもたちの存在は，愛他性や向社会性がさらに高まることにつながっていきます。例えば，困っていてもSOSを言えない子どもに，先手で声をかけてサポートしている場合，リーダー格の子どもが新たにリーダーになった子どもを支える行動ができた場合，このようなときは，個別に大いに認めてあげることが大事です。

b. 個人の取り組みが**全体にどう貢献しているのか**を定期的に説明する

　中集団や全体集団の活動では一人ひとりの行動が見えにくくなり，タイムリーな承認が得られなくなることが多くなります。そうなると，役割分担して取り組んでいる自分の活動が虚しくなり，意欲が低下していくことがよくあります。

　そこで，全体の中での自分の行動の意味が理解でき，かつ全体の場でその行動が認められ，周りの子どもたちからも個別に承認の言葉がけがあると，子どもたちは意欲が喚起され，主体的に行動するようになります。

　この対応が徹底されると，子どもたちは「学級のみんなから必要とされ

ている」という自己有用感が高まり，自分の役割や存在の全体の中での意味が理解されてきます。その結果，自尊感情が育ち，自律的動機で取り組む力が育成されていきます。

2 「協働づくり」の段階で生じる
　　非建設的な学級の空気とその対応

「協働づくり」の段階の取り組みが適切にできないと，学級内には非建設的な空気が根強く定着してしまいます。

現在の学校現場では，学級集団の集団効力感を高めることが難しいだけではなく，逆に，「このメンバーとはどうせわかり合えない」「どうせやってもうまくできない」「やるだけ無駄」という学習性無力感につながる学級の「空気」が広がっている学級集団が少なくありません。

このような学級の「空気」が，教育実践の成果の低下や不登校の増大の背景にあると，筆者は強く感じています。

代表的なものは，「目標・規律・関係づくり」の段階と同様，基盤に「ゆるみ型」の傾向を持つ教師が担任する学級に生じる空気と，基盤に「かたさ型」の傾向を持つ教師が担任する学級に生じる空気です。

以下，順に解説をしていきます。

(1) 「ゆるみ型」の傾向を持つ教師の学級に生じる空気

基盤に「ゆるみ型」の傾向を持つ教師が担任する学級に生じる空気の問題は，「協働づくり」の段階で，自律的に活動できている子どもたちと他の子どもたちが一緒になるよう組織して，学級全体として大きな流れを形成していく展開が表面的になり，全体の活動が逆に停滞していく中で生起します。

例えば，次のようなマイナス面が子どもたちに生起してきます。

●すでに自律的に活動できている30%の子どもたちが，徐々に意欲を低

下させて能動的にリーダーシップ行動をとらなくなり，その結果として，学級全体の活動が急速に停滞化していく。
- ●学級内の子どもたちが，互いの人間関係の取り方と行動の仕方を警戒し合い，「傷つかない・損をしないようにしよう」という視点で生活・活動しようとする傾向や自律的に行動しない傾向が出てくる。
- ●学級のルールにそって行動できない非建設的な行動をする子どもは，その傾向が強化され，それに周りの子どもたちが巻き込まれて，学級全体の活動が停滞していく。

以上のような状況から，子どもたちは日々の学級生活や活動に意欲的になれず，それが続くと，徐々に非建設的な行動に流れていく可能性が高まっていきます。準拠集団とは逆の方向に向かっている状態です。

子どもたちは，「目標・規律・関係づくり」の段階で対人不安が高まっているときの状況と同様に，学級のメンバーたちの目を警戒し，不安のグルーピングで小グループを形成し，所属する小グループのメンバーたちと同調した行動をとらなければならない」という，ヨコ関係の同調圧力の強い学級の「空気」を感じるようになっていきます。他者にバカにされたくないからといった取り入れ的調整の動機づけで活動するようになります。

このような問題発生の要因として，「協働づくり」の段階特有の取り組みの不十分さとして，次の点が考えられます。

- ●子どもがリーダーシップをとりやすいような支援が不十分になっている。
- ●ルールにそった行動ができていない子どもたちが放任されている。
- ●協働活動を通して子どもたちの間にリレーションが形成できていない。

以下では，これらの原因の解説とその対応を紹介していきます。

1）子どもがリーダーシップをとりやすいような支援が不十分になっている

この問題には2つのポイントがあります。

まず，学級全体の活動において，リーダー格的な子どもたちが積極的に行動していかなくなった背景に，教師の指示が明確に具体的になされていない面があります。そして，リーダー的な役割を担っている子どもたちが，リーダーシップ行動をとる正当性が，学級内できちんと説明がなされておらず，確立できていない面があります。

役割分担と各役割の責任・権限（やるべきこと・そのために認められている他者に指示する権利など）の確認・共有化の部分が希薄化すると，リーダー的な役割を担っている子どもたちも，強くリーダーシップを発揮しづらくなります。そうなると，周りのメンバーも指示に従わなくなるので，全体活動が進展しないまま混沌としがちになります。そのような中で，リーダー的な役割を担っている子どもたちに対する批判も出たりして，その子どもたちはリーダーシップをとること自体が嫌になっていきます。

その結果，学級全体活動の核の部分が不安定となり，教師も強いリーダーシップでそれを補うことができない中で，学級全体の活動が急速に停滞化していきます。

もう一つのポイントとして，学級全体のまとまりが弱い中で，リーダーシップを発揮することは難しいものです。リーダー的な役割を担っている子どもたちが緊張しながら行動しても，周りの子どもたちが全く聞いていなかったり，勝手な行動をしていたりしていると，自信を失い，どんどん意欲が萎え，投げやりになったり，役割の遂行を厭うようになってしまいます。

このような状況における，リーダー的な役割を担っている子どもたちの行動を支える支援と，周りの子どもたちにそれを浸透させる具体的な取り組みができていないと，学級全体の活動は拡散して，学級の「空気」も非建設的になってしまいます。

学級全体の活動を動かす原動力は，子どもたちの**「意識・動機の高さ」**×**「明確な方法論の中での動きやすさ」**です。前者を高めながら，後者を徹底的に強化して行動化を促していくことが必要です。

学級の方針や規律の説明で子どもの意識・動機を十分高めることができない場合，方法論を工夫することがとても大事です。ポイントとして，**シェーピング**（p.125参照）で次のように展開します。

〔子どもが行動しやすい方法〕
①**課題や活動のシェーピング**
　取り組む課題を細かく分割し，やさしいものから順に取り組ませていく。また，複合的な活動内容をいくつかのカテゴリーに分類して，課題をシンプルな課題にして提示して取り組ませる・一段ずつステップアップさせていく。
②**活動の振り返り**
　①を短いスパンで取り組ませ，取り組み後には必ず振り返りの会を行い，個人の頑張り・グループで役立っていたことなどの認め合い活動を実施して，子どもの達成感・承認感を高めていく。
③**体験の積み上げ**
　①②を定期的に継続して実施していき，一通りやり切った体験を積み上げていく。そして，教師に指示されなくても自分たちで取り組めるように習慣化させていく。

このようにして，全体での集団活動において，小さな成功・達成を積み重ねていって，子どもたちの達成感・承認感を高めていき，より大きく動けるように，行動させながら意識・動機を高めていきます。

さらに，多くの子どもがリーダーシップを取れるようにするために，リーダー的な役割を担っている子どもたちがリーダーシップを取るときに，教師は，水面下の支援を強く確実に発揮していくことが必要です。

リーダー的な役割を担っている子どもたちを励ましながら活動すること

を促し，リーダーシップの取り方を傍らで教えながら，その遂行をそばにいて物理的に補助してあげます。

例えば，次のような対応です。

- ●リーダー的な役割を担っている子どもたちがみんなに指示を出そうとしているときは，「リーダーのAさんが説明しようとしているから，静かに聞こう」と他の子どもたちが静かにリーダー格の子どもの発言に注目するように場を落ち着かせる。
- ●「リーダーのAさんは〜のように説明していたよ」と説明内容をわかりやすく繰り返して指示を徹底させる。
- ●「あと○分でリーダーが指示した時間が終わるよ。そろそろまとめに入ろう」と，リーダーシップにそってみんなが活動していくように促したりしていく。

そして，リーダー的な役割を担っている子どもたちのリードで，学級全体での活動をやり遂げたという体験を，みんなで積み上げていきます。

活動の振り返りでは，リーダー的な役割を担っている子どもたちのリーダーシップの取り方や頑張りをしっかりと承認し，リーダーの役割をとることを通して自信をつけさせ，徐々に自律的に行動できるように育成していきます。

このような展開を通して，役割にそった行動をとることの正当性を学級内に確立させていきます。

さらに，新たにリーダーとなった子どもたちにも同様の支援を確実にしていき，責任ある役割をとることを通して自信をつけさせ，自律的にルールにそって行動している子どもたちを学級内に拡大していきます。

2）ルールにそった行動ができていない子どもたちが放任されている

期待通り行動できない子どもや，欲求不満で意欲の低下した子どもたちが勝手な行動をしているのが，放任されている状態です。

もともと学級全体で取り組んでいくという意識や意欲が低い集団で，学級の目標やルールから逸脱して勝手に行動している子どもがいて，そのような行動が放任されている状態にあると，学級内の目標を達成しようとする意識やルールを順守しようとする意識は一気に低下し，学級内はなれあい状態に落ち込んでいきます。

　子どもたちが，「ここまで手を抜いても平気なんだ」というモデル学習をしてしまうからです。その結果，学級集団の生活はどんどんルーズになっていき，子どもたちは日々の学級活動に前向きになれず，非建設的な行動に流れていってしまいます。

　非建設的で全体にマイナスの影響を与える行動は，確実に対応・改善しないと，学級が退行して崩壊状態に至る可能性が高まります。このような状況は，曖昧にしてはなりません。活動の中で逸脱している点を具体的に指摘し，個別対応をすることが必要です。

　ただし，全体の中で注意して指導しても，相手を納得させて行動が修正することができなければ，かえって退行を促進してしまいます。周りの子どもたちはそれを観察して，指導力のない教師なのだと失望し，信頼感を低下させしまうからです。

　このような対応を，「ゆるみ型」になりやすいタイプの教師は苦手にしていることが多いです。

　こうした場合，逸脱している点を具体的に指摘し，全体の場から取り出しで，個別に対応することを本人に伝えます。周りの子どもには，該当する子どもの行動はしばらく我慢して，今は自分のやるべきことをしっかりやることを伝えます。こうして，マイナスの影響が学級内に広がることに対処します。

　取り出しでの個別対応は，強く指導するというよりも，その子どもの実態に応じて，非社会的な面があれば，個別にソーシャルスキルトレーニングをしたり，反社会的な面があればその子どもが持つ反発する要因をしっかり話し合ったりして，今後，全体の中でどう行動していくのかを確認していきます。全体活動に参加できず，他の取り組みをしていく場合は，そ

のことを全体に伝えて取り組ませていきます。

　近年このような個別の対応が必要な子どもがとても多くなり，「必ずみんな一緒に」とはいかなくなりました。大事な点は，どのような状況があり，それを学級ではどのように対応していくのかを，みんなに理解させていくことです。大きな目標は一緒でも，取り組む方法は個人の特性に応じて多様な形になっていきます。

　さらに，取り出しでの個別対応も，すべて担任教師だけで対応できるものとは限りません。教員チームで対応を考えたり，専門家につないだりしながらやっていくことが求められます。その意味で，担任の学級経営は，より大きな枠組みである「学校経営」の中で，教員組織で取り組んでいくという意識が求められます。

3）協働活動を通して子どもたちの間にリレーションが形成できていない

　学級全体の活動を通して子どもたちに受容されたり，感情交流を体験させたりすることができず，一体感を持たせることができていない状態です。そのため，子どもたちにとって学級は，準拠集団になっていません。

　学級の一体感やまとまりは，最初の頃は核になる人物（教師やリーダー格の子どもなどがいる）や出来事・象徴（合唱祭で優勝，特進クラスであるなど）があるとまとまりやすいです。ただ，「ゆるみ型」の傾向を持つ教師が担任する学級では，このような要因が弱い面があります。

　したがって，それに変わるものとして，学級内に自分を受け入れてくれる人たちがいるなどのリレーションがあることが大きな要因になります。この両方が乏しいと，学級はなかなかまとまらなくなってしまいます。まずは確実に，後者の方法に取り組むことが必要なのですが，この取り組みも不十分になっている状況が考えられます。

　対応のポイントとしては，学級内の子どもの間に，スモールステップで丁寧にリレーションを形成していきます。

　子ども間のリレーション形成は，表面的な役割交流だけではなく，温か

い感情交流があると深まっていきます。

　とは言っても，不安の強い人は傷つくことを恐れ，不用意に自分の感情にふれられるのは嫌悪するものです。したがって，そのような不安が起こらないような環境や場面設定で，少しずつ受容された感覚を満たせるようにするとよいです。

　例えば，対面の直接交流だけではなく，文書やITの他者交流のアプリなどを活用して，最初から名前を出さなくても，自分の取り組みに「いいね」をクラスの誰かからもらえた，というレベルから始め，そのようなゆるやかな小さな体験を繰り返して，積み重ねていきます。

　目覚ましい成果や，称えられるような頑張りではなくても，その子どもなりに取り組めたことに対してしっかり意味づけして認めてあげる，その子なりに参加できたこと自体を認めてあげる，このような教師の言葉がけが求められます。

　このような教師の一貫した姿勢と働きかけの積み重ねが，徐々に子どもたちにもモデリングされて広がっていき，子ども同士のつながりをゆるやかに高め，子どもたちが一体感を少しずつ感じられるようになっていきます。

(2) 「かたさ型」の傾向を持つ教師の学級に生じる空気

　基盤に「かたさ型」の傾向を持つ教師が経営する学級に生じる空気の問題は，「協働づくり」の段階の取り組みを，せっかちになって，まとまりのある体制を早急に確立しようとする面があることで生起します。

　このような中で，次のようなマイナス面が学級内の子どもたちに生起してしまいます。

　例えば，自律的に活動できている子ども以外の子どもたちは，学級内で承認感を得にくく，日々の学級生活や活動に意欲的になれません。それが続くと，徐々に非建設的な行動に流れていく可能性が高まります。そうした子どもは「目標・規律・関係づくり」の段階と同様に，「教師やリーダー格のメンバーなどに従わなければならない」「みんなと同じようにし

なければならない」というタテ関係の同調圧力が強い学級の「空気」を感じやすくなります。教師に怒られないために取り組むというような外的調整の動機づけで，活動するようになります。

　また，リーダー格の子どもたちに対して，教師からの承認が低い子どもたちの中から反主流派的なグループができ，学級が分裂ぎみになることがあります。それらのグループが一定の力を持ってしまうと，学級集団は退行・崩壊の方向に進んでいってしまう場合もあります。

　これらの問題発生の要因として，「協働づくり」の段階の取り組みの不十分さとしては，次の点が考えられます。

- 学級の活動の流れを統制的に仕切ってしまう傾向がある。
- 期待通り行動できない子どもを外発的に行動させようとする傾向がある。
- 協働活動を通して子どもたちの間にリレーションが形成できていない。

以下，もう少し具体的に説明をしていきます。

1）学級の活動の流れを統制的に仕切ってしまう傾向がある

　「かたさ型」の傾向を持つ教師は，子どもたちが自律的に協働で取り組めるような大きな流れを形成していく体制を早急に確立しようとして，統制的に流れを仕切ってしまう傾向があります。自律的に行動できている30％の子どもたちにリーダーを担当させる傾向があるので，それ以外の子どもたちの自律的な行動化につながっていかない面があります。

　「協働づくり」の段階において，学級全体の活動として結果をしっかり出すという面だけを考えれば，このやり方は，形としての結果は出せます。

　しかし，そのツケは次の段階にきます。多くの子どもたちが自律的に行動したり，対等に協働したりする練習が十分にできず，教師やリーダー格の子どもに依存する傾向が出てきて，自律的に，協働的に活動することができない面が露呈してきます。

学級内の子どものヒエラルキーは階層化し，リーダー格の子どもたち以外の多くの子どもたちの地位は低くなっていきます。そうした子どもたちにとって，学級集団は「心理的安全性」が低く「準拠集団」となりにくく，「集団効力感」も高まらず，言われたことだけをやればいいという「遂行目標志向」になってしまいます。

　さらには，次第に，このような学級の空気が大勢になってしまいます。このタイプの教師はやや強めの統制力を発揮する傾向があるので，定着してきた学級の「空気」は，一層強く固定してしまいます。その結果，典型的な「かたさ型」学級ができ上がっていき，子どもたちの欲求不満は高まっていきます。

　確かに，「協働づくり」の段階の子どもたちに求められる自律や協働に関する力量は，「目標・規律・関係づくり」の段階よりも，より高度になります。したがって，学級全体のグループ活動を一定レベル以上で展開しなければと考えた場合，できる子どもにリーダーシップを取らせるのが有効と考えてしまいます。

　ただし，リーダーを固定して組織していくやり方は，最初はまとまりがいいのですが，それだけを続けていくと，集団はピラミッド型のメンバー間にヒエラルキーのある状態になる傾向があります。

　ですので，「協働づくり」の段階においても，「できているという形」だけを求めるのではなく，みんなが一定レベルの自律性や協働性を身につける時期と考えて，能動的にリーダーも変えていくなど，役割分担して体験学習させていくことが大事です。

　筆者も，教師をしていた時代，「教師の指導通りやって10できるよりも，自分たちが考えて取り組んでできた7の方が大事」ということを，子どもへの指導時だけではなく，自分にも言い聞かせて教育実践を行ってきました。この段階においては，もともとリーダー格ではなかった子どもにも，計画的にリーダー的な役割を体験させることが大事になります。

　なお，この段階において，目標やルールを設定したら，あとは各自で，子どもたちだけでやらせようとするのは無理があります。ここで，個人差を埋

める教師の水面下の個別サポートの如何が,学級での協働活動を安定させる必要条件になります。リーダーシップの取り方,フォロワーシップの取り方を,いろいろな子どもたちに役割を通して教える機会にしていきます。

　不安げな新たなリーダーには,励ましながら,物理的にサポートします。教師が陰の副リーダーのつもりで,リーダー役の子どもが出した指示を,他のメンバーの子どもに確認したり,徹底したりする役割を,陰ながら行っていきます。

　新たにリーダーとなった子どもたちの意欲を喚起し,責任ある役割をとることを通して自信をつけさせ,自律的にルールにそって行動している子どもたちを学級内に拡大していきます。

　なお,こうした取り組みは,(1)の「ゆるみ型」の場合の,「子どもがリーダーシップをとりやすいような支援」(p. 151参照)と類似していますので,そちらも参照してください。

2）期待通り行動できない子どもを外発的に行動させようとする傾向がある

　教師の思いに従うリーダー格の子どもたちが,全体をどんどん仕切っていくと,残りの子どもたちは気後れし,学級内に所属感が持てず,日々の学級生活や活動に意欲的になれません。それが続くと,徐々に非建設的な行動に流れていってしまいます。

　ただし,このような中で,教師が期待するみんなと同じような行動を取れない非建設的な行動をする子どもを,全体の中で叱責や叱咤するのは逆効果です。学級全体の自律的にやっていこうという意欲をさらに低下させてしまうだけではなく,学級の状況に反発するような機運が高まってしまいます。

　それらの子どもを中心に反主流派のグループができる可能性もあります。その反主流派のグループが増加してしまったら,学級集団は退行の方向に進んでいってしまいます。

　学級が混沌としてくると,子どもたちは不安を感じ,より刹那的な共通の

敵に対する不安のグルーピングが起こり，自分に攻撃が向かわないように（他者に向かうように）その場その場で行動するようになっていきます。

　そうなると，学級内には，「自分だけ頑張っても仕方ない」「まじめにやるのはバカバカしい」という学習性無力感に満ちた学級の空気が漂います。その結果，典型的な「不安定型」学級ができ上がっていきます。

　こうした状況への対応のポイントは，自律的に行動していける子どもたちを学級内に拡大していく流れの中で，非建設的な行動をとりがちな子どもたちの自律性と協働性を高めていくことです。

　それらの子どもには，協働活動する意味や意義について教師が個別に粘り強く話し合って対応し，学級全体の活動には，できる範囲の納得できる役割を与えて取り組ませていきます。

　学級全体の取り組みとしては，きちんとできている点を認める形で，目標達成を目指してルールの定着を高めていくことが大事です。また，マイナス面の結果は，その教訓を次の活動でどのように活かすのか，時間的見通し，役割分担，取り組む手続きなどについて具体的な検討を行い，きちんと全員で体験を次に生きる経験として消化します。決して，マイナスの結果に至った犯人探しをするのではなく，「この経験を次はどう活かすのか」を明確にして，みんなで確認しなければなりません。

　「協働づくり」の段階は，全体や中集団の活動の中で，やるべきことをしっかりできたかどうか以上に，みんなとの関わりの中で，「頑張ったことがみんなから認められた」「みんなに貢献できた・必要とされた」ということを体験させることが大事です。

3）協働活動を通して子どもたちの間にリレーションが形成できていない

　学級全体の活動を通して子どもたちに一体感を体験させられず，子どもの意欲が低下し，欲求不満が高まっている状態です。

　学年スポーツ大会で優勝する，合唱祭で金賞をとるなど，学級全体の取り組みで対外的に高い成果をあげられると，学級内の子どもたちの一体感

は高まってくるものです。個々の子どもも承認感が得られるからです。「かたさ型」の傾向を持つ教師は社会的な評価の獲得を目指す志向があり、その結果として、学級の子どもたちの承認感を満たし、一体感を高めようとする傾向があります。

　ただ、学校現場でも、競争がある社会的評価を常に獲得することは難しいものです。結果を出すことのみを重視した全体での取り組みは、子どもたちの間の関係に緊張を与えやすく、結果が今一つということが続くと、失敗や敗北の原因をめぐって人間関係が悪化して、学級がバラバラになっていく傾向が高まります。

　大切なのは、学級全体の活動の結果だけではなく、取り組んだプロセスの意味を評価してそれを共有すること、集団の中での自分の存在の意味を実感することを通して一体感を体験させ、子どもの協働性を高めていくことです。

　子どもが承認感を得るのは、成果をあげたりするときだけではありません。物事に取り組むプロセスにおいてみんなと切磋琢磨して頑張った過程、仲間と一緒に活動できたこと自体も、自分なりに納得できれば、承認感につながります。子どもが取り組んだ結果に対してのみ承認するだけでは、教師が子どもを見守るまなざしが狭まってしまいます。

　教師は、「子どもの存在自体を認めて尊重」した上で、「取り組んだプロセスについて認める」ことが大事です。前者は存在そのものに対して「あなたが居てくれてよかったよ」と認めます。後者は、「子どもの取り組んだプロセス」をしっかり意味づけして認めます。

　そうした教師の言葉がけで、子どもは自ら、自分の存在について、そして取り組んだプロセスについて、自己承認ができるようになります。その結果として、子どもたちは全体の取り組みを通して一体感を感じ、協働性を獲得していくことができます。

3 「協働づくり」の段階のまとめ

　学級生活も2〜3カ月目に入る「協働づくり」の段階は，学級内の子どもたちの人間関係も固定化し始め，「安定度」を確立していく時期です。「協働づくり」の段階は，子どもたちに中集団や全体集団でのいろいろな協働活動に自律的動機で参画する体験を通して，協働性の大事さを実感させることが求められます。

　したがって，この段階の取り組みのポイントは，協働活動を通して子どもたちの間にリレーションを形成することがとても大事ですが，それはとても難しいものです。

　前述したように，基盤に「かたさ型」の傾向を持つ教師は，タテ関係の同調圧力を直接的に子どもたちに与える傾向があります。そのため，学級内の子どもたちの実態によっては，「協働づくり」の段階で，学級集団の状態が悪化していくことも少なくありません。

　一方で，近年は，子どもたちの反発で崩れるパターンよりも，「ゆるみ型」の傾向を持つ教師の学級で，とても無気力な状態になっていくパターンが見られるようになってきました。

　現代の子どもは，新しい相手や取り組みに不安を感じやすいので，ひな型を定めて展開することで，不安を抑えることが必要です。ただ，その協働活動の取り組みが形ばかりになって，充実感を感じられなかったり，他のメンバーとリレーションが形成されたりしなかったりすると，取り組みがワンパターンになって形骸化していき，徐々に子どもたちの自律的動機が低下し，やらされ感だけが高まります。

　その結果，自律的に取り組むことがなくなり，他のメンバーともそれなりの関わりで済まそうとするので，行動の仕方や話す内容は代わり映えのしないものになります。そこからマンネリ感が生まれます。取り組みにわくわくしない状態となります。

　メンバー構成を替えて班活動に取り組ませても，形だけ取り組んでいる

ような状態になっているのは、マンネリ感を打破できないからです。そのような状態で取り組んでいても、取り組みは形骸化するだけです。

「協働づくり」の段階では、メンバーたちに、より深いリレーションの形成が必要になります。そうなっていかないのは、協働活動の取り組みの中に、踏み込んだ感情交流が伴っていない面があるからです。これが続くと、学級の空気は非建設的になってしまいます。

人間関係が深まる話し合いでは、その場に合う正しい内容を話すこと以上に、互いの率直な思いや感情を交流することが大事です。それを子どもたちに理解させ、行動させていくことが、教師の指導行動の核になります。

教師が話すときは、発言のモデルを示すように、自分の思いや感情を意識して出すようにしたり、話し合いで自分の思いを話している子どもの行動を積極的に認めて、そのような行動を学級内に奨励していったりするなど、緻密な対応の積み重ねが求められます。

子どもたちに深いリレーション形成ができるかが、「協働づくり」の段階のポイントであり、その上で、この段階での学級集団づくりの目標は、最終的に自律的に行動できる子どもが70〜80％になるようにすることです。

この状態まで学級集団づくりを達成した後、「協働づくり」の段階でのリレーション形成の度合いは、次の「協働学習づくり」に決定的な影響を与えます。「親和型A」の学級集団に至るか、「親和型B」の学級集団に留まるかの違いです。

「親和型B」の学級集団に留まる教師は、子どもたちの心を惹きつける強い魅力があり、支援と指導のバランスがよく、子どもたちから強く支持され、協働づくりの段階では、建設的にまとまった学級集団を形成することが多いです。

ただし、この教師の学級では、子どもたちは親和的なのですが、リーダー的な子どもは固定し、学級はピラミッド型の状態です。カリスマ的な教師の学級はこの典型です。

このような傾向は，長期的にみると，子どもたちは一体感を感じるところで留まり，次の段階で問題を抱えてしまいます（この問題は，次の第5節で解説します）。

なお，本節で紹介してきた「協働づくり」の段階の取り組み方の研修は，大学の教員養成課程でも，教育委員会の教員研修でも実施されることはとても少ないです。また，座学だけの知識理解だけでは，教育実践で活用できるような力量を体得することは難しいです。

やはり，教師自身が協働学習の体験学習の中で「協働づくり」の段階のポイントを体得し，それを学級集団づくりに援用して成果を得て，そのポイントを確認できていくことが大事です。したがって，教師自身が協働学習の体験をしていくことが，非常に求められると思います。

第5節　「協働学習づくり」の段階

心理的安全性が高く，協働学習を展開することができる学級集団の状態を形成する3段階の第Ⅲ期は，**「協働学習づくり」**の段階です。「親和型A」の学級集団づくりを目指す段階ともいえます。ここでは，子どもたちが協働活動に自律的に取り組めるように，協働学習に自律的に参画して資質・能力を獲得できるようにしていきます。

「協働学習づくり」の段階の取り組みは，「協働づくり」の段階までと比べて，教師の指導行動のベクトルが変わってくるので，これまでと同じような流れでは達成できない難しさがあります。

学級の子どもたちが全体で集団活動をしている状態の中でも高い成果をあげる状態は，下記の2つのタイプがあります。

〔集団生活の状態の中で高い成果をあげる状態〕
①子どもたちが自治的に活動している状態
　　（ほとんどの子どもたちが自律的に対等な関係で相互交流できている

状態）
②教師や一部のリーダー格の子どもの指示に，他の子どもたちが従っている・依存している，という形で活動している状態

　上記の2つのタイプの学級は，近年，子どもたちがバラバラな状態になって集団として活動することが難しい学級が多くなってきた中で，相対的に良好な状態です。知識伝達型の授業では，その差はわからないかもしれません。

　しかし，②のような状態の学級では，子どもたちが本当に協働するような協働学習の展開は難しいです。子ども同士の議論が「対話」にならないからです。学級集団で子どもたちが本当に協働している協働学習を展開していくためには，①の学級集団の状態になることが前提になります。

　子どもたちの話し合いには「会話」と「対話」があります。「会話」とは，いつもの気の合う仲間と互いの価値感にふれずに，表面的に関わりを楽しむ傾向があるものです。

　それに対して「対話」とは，異質な見解を持つ「他者」との交流であり，立場や価値観の互いの違いを理解し，そのずれをすり合わせることを目的に行うものです。

　知識の習得レベルの課題の集団としての効率的な達成だけではなく，知識の活用や創造を目指す協働学習を，意識して取り入れていく段階では，「対話」で話し合えることが不可欠です。

　なお，授業全体で協働学習を展開する一般的なひな型は，次のような流れです。

〔協働学習を展開する一般的な流れ〕
①**教師に課題を提示される**（※子ども側から出される場合もある）
・子どもの日常生活や学習経験と関係があり，子どもに課題解決の必要性や切実性を感じさせ，解決の価値を感じさせるもの，自分事になるものを課題にする。

②課題解決の見通しを持つ
- どの既習知識や技能を活用すれば課題解決につながるかを意識化させる。
- どのように取り組むかの計画の立案を，子どもたちに委ねる。

③独力で考える
- どこまでがわかり，何がわからないかを明確にさせる。
- 複数の資料を比較して活用して考えさせる。
- 話し方，文章のまとめ方，思考の仕方のひな型を身につけさせる。

④協働で考える
- 複数のメンバーの異なる思考結果を比較検討させ，グループの考えとして練り上げさせる。
- 話し方・聞き方のひな型を身につけさせる。
- 誰ではなく，考えを抽出しグループの考えとするひな型を身につけさせる。
- 課題達成を目指したグループごとの話し合いは柔軟に設定し，子ども同士でそのプロセスを管理させる。
- 取り組みの成果をメンバー同士で相互評価をさせ，自己評価を建設的にできるようにする。

⑤全体で検討する
- 他のグループの発表を聞き，自分たちのよい点と新たな課題を確認させる。

⑥振り返りをする
- 自分に活用力がついたかを自己評価させ，次の学習課題を見出させる。
- 今後どのような学習をすべきかの課題を，子どもたちに考えさせる。

前述したように，「親和型 A」の学級集団づくりは，協働学習活動の基盤となる集団の「**安定度**」を一定程度確立し，その後，協働学習の成果が高まるように「**活性度**」が高まる支援をしていくという展開です（p. 116

参照)。

「安定度」の確立の「**目標・規律・関係づくり**」と「**協働づくり**」には特別活動の色が強い傾向があります。「活性度」の確立の「**協働学習づくり**」の段階は,「**授業のあり方**」が主に問われます。

ただし,その際の学級の「安定度」のレベルは「**固定**」ではなく「**安定**」のレベルであることが前提になります(p. 84, p. 92参照)。

特別活動の学級会やホームルームの話し合いを,「対話」でできない学級が,授業だけ「対話」で協働学習を展開できるということはありません。

本節では,「協働学習づくり」の段階で前提として必要な安定度の面(安定度のレベルを「固定」から「安定」に向上させていく課題)の解説をしていきます。

活性度が「創造」となる取り組みは,失敗する可能性もあるチャレンジも伴うものです。それは興味がありどうしても追求したいという,子どもの自律的動機から取り組む活動だからです。

「親和型A」の学級集団では,そのようなチャレンジを大事にする心理的安全性の高さ,すなわち,「安定」の安定度があります。

それに対して,安定度が「固定」に留まっている学級集団では,活性度も「活用・遂行」に留まりがちになります。それは子どもたちの活動が,教師の期待する正解に向かって取り組む形になることが多いからです。

活性度を「創造」に高めるためには,基盤に「安定」の安定度が必要となります。

1 安定度に関しての「協働学習づくり」の段階の対応のポイント

「子どもたちが自律的に全体活動を行う」とは,自分たちで活動目標を設定し,時間的見通し,役割分担などの一連の活動を行い,途中途中で取り組みを評価しながら目標達成を図っていくことです。

全体集団での活動を行動レベルの段階で中集団の単位に割りふり,それ

を全体に有機的につなげていく，このプロセスでの様々な活動を通して，子どもたちは資質・能力を学んでいきます。

　ただし，このプロセスを最初から子どもたちだけで遂行するのは難しいものです。例えば，いくつかの中集団を全体に統合していく際は，役割間で徐々に考え方や行動の仕方に温度差が生まれ，各役割の中集団同士のぶつかり合いはふつうに起こります。最終的には，各部門の中集団を全体の目的にそってまとめていくことが必要になってきますが，そうしたことは，子どもたちにとっては難しいものです。

　最初はこのような段取りは，教師がかなりサポートしなくてはなりません。ただし，学級集団の状態に応じて，徐々にその比重を少なくして子どもたちに委ねていかなければなりません。この調整の仕方こそが，安定度に関しての「協働学習づくり」の段階の教師に必要な対応のポイントです。ポイントの柱は以下の３点です。

●**自律性支援的態度となるような指導行動**
●**指導行動の柔軟な調整**
　　―「スキャフォールディング」と「フェーディング」―
●**個人を支える補助自我的支援**

　下記に，解説をしていきます。

(1)　自律性支援的態度となるような指導行動

　自律的動機で行動する姿勢は，教え込まれて実行していくというよりも，自らの気づきから行動していくものです。そのような活動への自律的な動機づけを高めて行動を促すような支援のあり方を，自己決定理論では「自律性支援的態度」といい，それには主に３つのものがあります（中山，2012）。

〔子どもの心理欲求の充足に影響する教師の3つの行動〕
① **構造**（structure）
　教師が目標や期待を明確に伝えたり，評価やフィードバックをしたりする際，一貫性・予測可能性・随伴性を持って行います。それとともに，一緒に取り組むといった，実際的なサポートの提供や学習者に合わせた指導方法を採用することなどが含まれます。
② **自律性支援**（autonomy support）
　子どもが自分自身の行動を決定する自由を認め，選択の機会を提供することで，特に重要なのは外的報酬や圧力が伴わない雰囲気の中で，これらの働きかけが行われることです。
③ **関与**（involvement）
　教師が肯定的感情を伴って積極的に参加したり，心理的・物理的資源や時間を子どものために提供したりすることです。

　教師によるこれらの働きかけが，子どもの心理欲求（順に，有能さへの欲求，自律性への欲求，および関係性への欲求）を充足させることを通して，動機づけや行動に影響していきます。やりたいことにチャレンジしようとする活動につながっていきます。

(2) 指導行動の柔軟な調整
　　―「スキャフォールディング」と「フェーディング」―
　スキャフォールディング（scaffolding）とは足場づくりのことで，学習者が無理なく活動に取り組めるレベルの足場をつくって活動させることです。**フェーディング**（fading）とは学習の定着度に応じて支援を減らし，徐々に一人でできるようにしていくことです（Brown et al., 1989）。
　スキャフォールディングとフェーディングの対応とは，子どもの実態に応じて，支援者の指導行動を適切に変化させて，最終的に子どもが一人でできることを目指すものです。
　そうしたリーダーシップの発揮の仕方は，適切な変化のさせ方の段階と

して，次の**教示的─説得的─参加的─委任的**の4段階があります。子どもの自律性が高まっていくと，より委任的になります。

以下に，順に説明します。

〔スキャフォールディングとフェーディングの4段階〕
①**教示的リーダーシップ**

最初の頃の，どう活動すればいいのか，他の子どもたちとどう関わればよいのか戸惑う状態のとき，やり方を個人的レベルで，手本を示して，一つ一つ教え，やり方を理解させます。

②**説得的リーダーシップ**

少し慣れてきた段階で，なぜ課題に取り組むのか，なぜこのように行動すべきなのか，そのようなルールが必要なのかを詳しく感情面も含めて説明し，子どもに納得させます。協働活動の最初は，子どもは自己中心的な行動をしがちで対立も多いです。個人的レベルと並行して，集団全体の前でも十分に対応する必要があります。その上で，子どもたちが抵抗なく取り組めるように，指示を出していきます。

③**参加的リーダーシップ**

ある程度子どもだけでできるようになってきた頃，教師が「こうしなさい」と上から指示を出すのではなく，子どもたちの中にメンバーとして参加し，リーダーシップをとっている子どもたちをさりげなくサポートし，集団のまとまり，協働活動の推進を陰で支えていきます。教師は一歩引いた形で活動に参加しながら，子どもたちの協働活動を陰で支え，子どもたちに「自分たちでできた」という自信と経験を育成していきます。

④**委任的リーダーシップ**

ほぼ子どもだけでできるような段階になってきたら，子どもが自分でできる内容は思い切って任せ，教師は全体的，長期的な視点でサポートします。子どもだけでは対応できない問題には，解決策のヒントをアドバイスします。

教師が実際に行う自律性支援とは，子どもへの支援をするに際して，自分のリーダーシップの発揮を，適切に調整していくことです。

(3) 個人を支える補助自我的支援

　精神科医のモレノが創始した「集団精神療法」の心理劇（psychodrama）には，「監督」「演者（演技者）」「観客」「舞台」「助監督」の5つの要素があります。心理劇では，治療の対象が「演者」，治療者が「監督」で，そのアシスタントとして「補助自我」を演じる助監督がいます。助監督は，演者を代弁したり，支えたりする役割です。つまり，「補助自我」とは，支援される人のそばにいて，その人が自主的に活動できるように支援する役割です。

　自律的に自己選択し，自ら行動できない人に対して，そばにいて，自己選択を支えたり，その人の思いを引き出したり，目標達成ができるまで行動できるように励ましたり，適切な行動ができるようにアドバイスしたりするといったことが，補助自我的な支援です。

2　「協働学習づくり」の段階で生じる非建設的な学級の「空気」とその対応

　「協働づくり」の段階までの取り組みを適切に遂行できた教師は，一定の力量のある教師ともいえます。しかし，その教師たちが，次の「協働学習づくり」の段階からの取り組みを行う際に，非建設的な学級の空気が生起することが，非常によくあります。学級集団の状態が崩れてしまう場合はわかりやすいですが，難しいのは，「親和型B［安定・固定―活用・遂行］」の学級集団（間接的なタテ関係の同調圧力に基づく学級の「空気」）に留まってしまう場合があることです。

　その理由として，「協働学習づくり」の段階は，学級集団を子どもの自治で動かせるようになっていく，活動の仕方の質を大きく変化させていく

段階で，その取り組み方が大きく変わるということがあります。「協働づくり」の段階までは，特別活動の取り組みが中心になりますが，「協働学習づくり」の段階からは「授業の質」を変える取り組みが中心になるからです。実際，この「協働学習づくり」の段階の取り組みまで確実にできる教師は，そこまで多くありません。

(1) 「協働づくり」の段階までの取り組みの実際 —安定度と活性度—

　「協働づくり」の段階までの集団内の人間関係の構築の取り組みは，学級内の目標や行動のルールを理解して日常的に交流し，安定した関係性を形成していきながら一体感を高めていきます。そのことで，学級集団はまとまっていきます。

　これはある意味，「みんなと一緒である」という安心感のあるまとまりです。こうした一体感に基づく安心感は，日常的に交流し，安定した関係性を保てる特定化した相手との，「こういう存在はこうしてくれるはず」という「義務」に対する「期待」に基づいているものであるとして，「**特定化信頼**」と定義されるものです。そして，地位や役割が固定化した関係性になりがちになります。

　固定化された関係性は，メンバー間に不確実性を低下させ，それが安心感をもたらし，集団内には穏やかな雰囲気が生まれます。そのため，このような状態は継続されやすく，メンバーたちは教師やリーダーの子どもに依存する傾向が出て，その人たちが持つ考え方や行動の仕方を順守し，会話だけで交流するようになる可能性が高まります。ただし，安定度の確立の最終目標は，「固定化」ではなく「安定化」です。固定化の限界を理解し，その状態で留まっていてはなりません。

　特定化信頼に基づいた集団内では，固定化された人間関係，型にはまった授業展開，例年通りの行事の内容を例年通りのやり方でつつがなく遂行していくことの繰り返しが行われます。それらは，形成された秩序を維持していくことにはつながります。しかし一方で，個々のメンバーの新たな発想を創出する意欲を低下させてしまいます。個人の自発性や内発的な動

機が低下し，それらの発揮につながる行動などが不活発になってきます。

　つまり，「協働づくり」の段階までは，「みんなと一緒である」という一体感に基づく安心感（同一化）で学級集団の安定度を確立する面があったのですが，それでは「固定化」で留まってしまうことが多いです。次の「活性度」の形成には，「安定化」のレベルの安定度の基盤が必要です。

　したがって，「活性度」の形成の基盤となる安定度の状態は，同じように同一化の作用を強めるやり方ではうまく行きません。逆に，同一化の作用の過剰は，活性度の形成を妨げます。同一化の作用が過剰な状態の学級集団では，新たなチャレンジという意識が生まれにくいです。

　なお，地方の幼稚園から中学校までずっと同じメンバーで構成された単学級のクラスなどに，このような傾向が顕著に見受けられます。みんな穏やかに安定しているように見えますが，実は固定化の状態で，同調傾向が強く本音を抑えがちで，様々な領域での意欲が低くなっている状況が見られます。

(2) 「協働学習づくり」の段階の取り組みの指針

　現在は，大きな変化が常態化した知識基盤社会です。しかし，内に閉じた環境では人々の考え方が硬直しやすく，みんなで検討しても過去のやり方の踏襲や予定調和的な結論しかでません。このような集団で育成された人は，変化の大きい社会で生きていくことが難しくなっていきます。

　変化に対して自律的に多様な人々と共生していく力を育成していくためには，開かれた環境で，個人の思考を全体として大事にしていくこと，個人の特性が多様な視点で捉えられていることが必要です。

　メンバー個々の違いを効果的に活用するためには，メンバー個々が周りから理解されなければなりません。理解されるためには関係性がなければなりませんが，最初の関係性の構築は，メンバー相互の類似性から始まるものです。ただ，類似性だけに終始した特定の相手だけとの関係性は，異質性を排除してしまう可能性があります。

　これからは，特定の相手との「類似性」に基づく関係性から，開かれた

多くの人々を信用しようとする「**普遍化信頼（一般的信頼）**」に基づく関係性に移行することが，個人の特性を多様な視点で捉えることができるようになる前提となります。

そのためには，同一化の作用をやや弱め，今までの自分たち仲間同士の会話を主とした関係性の取り方の限界を認識し，それを超越することが必要となります。その取り組みが，「対話」を通した思考の交流です。

「特定化信頼」から「普遍化信頼」への変化を妨げるのが「対話を通した思考の交流が抑制される」ような状況です。

「みんなと一緒」の意識が強すぎる学級では，「私」を出すことや，自分独自の考えを主張することは，自己中心的なのだと捉えられることが多いです。そのような行為は，学級の和の否定につながると認識される傾向があるからです。教師やリーダー的な子どもを中心として形成されているメンバー間の一体感や学級の和を乱してはならない，という「空気」が学級内に高まっています。これまでに紹介してきた間接的なタテ関係の同調圧力に基づく学級の「空気」です。

その結果，課題に対して議論しても，論理的な思考の展開になりません。「先生がそう言ったから正しい」「今までそうやってきた。この考えで，みんなで仲よくできたのだからそれを壊すのは自己中だ」という具合に考える子どもたちが多くいるからです。さらに，「先生やリーダーのAさんたちが言ったのだから……」という具合に忖度が働き，みんなの検討は予定調和の結論に終始してしまいます。

問題は，強い同一化作用に順応している子どもは，学級内にこのような「空気」があることを意識していないことです。かつ，このような空気の中で安心感や一定の承認・被受容感，自己有用感が得られているので，このような状態を積極的に受け入れています。

そのため，このような安定を壊されることを嫌悪し，違う考えや意見を言う人を，和を乱す人と捉え，積極的に非難することも少なくありません。この背景には，人間関係などに関する不安があると考えられ，その不安感を払拭するために，特定化信頼・同一化による人間関係に依存してい

る可能性があります。

　教師は，このような状態が感じられた場合には，計画的に対応していくことが大事です。一見，集団内には心理的安全性が高まっているように感じますが，全く逆で，多数派の考えや行動の仕方に同調することが求められ，少数派やみんなと同じようにできない子どもはとても苦しくなってしまいます。心理的安全性の高さは，多様性の受容と，誰でも自分の考えを表明することが尊重されていることに表れます。

　ただし，そのような現状の問題点を意識させるためには，今の学級の状態について，ただ理路整然と論理的に説明したり，少数派のメンバーのつらさを理解しなさいと迫ったりするだけでは不十分です。それでは外的調整の動機で対応することになり，個々のメンバーの自発的な行動にはつながりません。

　まず，子どもたちの「みんなと一緒」を強く求める背景にある不安を理解し，教師やリーダーのメンバーに従わなくても，素の自分を出しても，受容される・非難されないという，真の相互信頼感を育成できるような支援が求められます。

　そのような支援の積み重ねが，学級内の空気を特定化信頼から普遍化信頼にゆっくり変えていくことにつながります。そのためには，対話を通した思考の交流を，実態に応じて設定して，少しずつ考える枠組みや視野を開いていくことが大事です。

　このような計画的な取り組みがないと，学級内には非建設的な空気が根強く定着してしまいます。本音の発言ができず，活性度は高まりません。

　次項では，活性度を高めるために，本音の発言ができるような代表的な対応を解説します。

3　安定度を「固定」から「安定」に変える対応
　　　—活性度を「活用・遂行」から「創造」にするために—

　この対応では，子どもの行動が教師が暗に意図する正解を見つける，み

んなの考えを踏まえた予定調和的な結論を出す，というレベルの枠を超えていくことが求められます。このレベルに留まっていると，浅い学習に留まってしまい，資質・能力の育成にはつながりにくいです。

知識の定着を目指しただけの授業では，塾で先取り学習をした子どもは，学校の授業への興味が著しく低下してしまいがちです。近年，この問題が首都圏を中心に顕著になっています。そのために押さえておきたい大きなポイントが，**意識して「対話」を踏まえた学習活動を設定する**ことです。

学校現場では「対話」に関する取り組みが弱い面があると思います。この点が弱い理由としては，従来の授業が知識伝達型だったことと，一体感の形成に留まった学級集団づくりが行われてきたことが考えられます。「対話」の取り入れは，子どもの関係性の形成と思考能力の育成との葛藤が生まれやすいからです。

子どもの資質・能力の育成は，協働学習が活性化する学級集団の形成と表裏一体で展開されます。そのためには，子どもの「自律性」と「協働性」の一定程度の確立が必要です。

「**自律性**」とは自分の行動のあり方を自己決定できることであり，「**協働性**」とは複数の人が集まる集団の中で理解や支持を得て，相互に協力をして共通の課題に取り組む能力のことです。

今日の学級では，対人不安の強い子どもが一定数見られ，その背景に自律性と協働性の確立の弱さが考えられます。その結果として，集団から孤立したり，離脱したり（不登校の児童生徒数が過去最高），または，不安のグルーピングで形成された集団のメンバーに同調して防衛的に行動している，という状態が数多く報告されています。

そこで，最初は教師主導で小集団の生活班や係活動の班を用いて，子どもの協働性を計画的に育成していくことが求められます。

その指針として，「目標・規律・関係づくり」「協働づくり」の段階までは，小集団活動で対人不安の強い班のメンバーに対して，相互の多様性を受容し，他者の存在や行動の長所を承認していくことを奨励して人間関係

づくりをし,協働性の育成を目指す取り組みを重視します。

ただし,この取り組みは一体感や我々意識を形成する傾向があり,形成される人間関係は「**特定化信頼**」の範囲に留まる面があるともいえます。

「特定化信頼」とは集団の内部の同質的な結びつきで,内部での信頼や協力,結束力を生み,構成員に協調行動をとらせる社会関係や規範の形成を促すものです。ムラ社会や同じ大学の卒業生が形成する学閥などが,その代表的な例です。

真の協働性の育成には,この段階を経た上で,それを超越することが必要です。真の協働性においては,メンバー同士の単なる同調関係ではなく,自律した個人の協調関係が必要です。真の協働性の育成の段階にいくためには,会話に留まった交流の段階を超越するための取り組み(思考力の育成が不可欠になる)が必要になります。

その理由と対応について,心理学者のヴィゴツキーや哲学者バフチンの対話理論の研究者の田島(2024)が提唱した理論を,日本教育心理学会公開シンポジウム「異質な視点を持つ他者との対話を実現する授業――withコロナ時代における小学校教育の現状と発展可能性」(2022年12月25日)で議論し,筆者が学級集団づくりの枠組みで解釈・整理したものを基に記していきます。

(1) 会話のメリットと限界

「特定化信頼」の傾向にある集団のメンバーたちには,**仲間意識**があります。メンバーたちは,背景に特定の価値観や行動様式を共有し,似たように考え,同じような行動パターンをとる傾向があります。このようなメンバーたちが用いるのは「会話」です。しばしば,集団内にメンバー同士だけでわかり合える用語,あるいは隠語が使われる場合も多いです。

仲間同士の会話は,暗黙の多くの前提を共有し,それに基づいて肯定的に話し合えるので,考えるエネルギーが節約でき(気軽に話すことができる),表面的な話題で互いに楽しくなり,仲間関係はさらに強化されていきます。これが会話のメリットです。

ただし,「会話」の発話者は,仲間に受け入れられたことで安心し,自分の発言内容について深く内省することはなく,言語認識の自動化（わかった気になる）が進みます。したがって,「会話」から導き出された結論は,仲間内だけの予定調和で終わる可能性が高まり,創造性や思考力を高めることが難しいのです。

また,仲間以外の人とは話（会話）が通じにくいので,面倒くさくなり,関わることが減るということも起こります。

つまり,「会話」は,言語認識の自動化が多く,一定の枠内に留まりがちなので,創造性や思考力を高めることが難しいという限界を有しています。

知識の習得だけではなく,知識の活用や創造する力を子どもに育成するためには,言語認識の「自動化」を抑止しつつ,かつ,多面的・客観的に証拠に基づき筋道を立てて考える**論理的思考**や,自分の思考の自明の前提となっているものの妥当性を疑ってみれるような**内省的思考**を伴った「対話」のある学習活動を,計画的に取り入れていくことが必要です。

(2) 教師主導の一斉授業のメリットと限界

教師主導の一斉授業は,うまく展開できると,集団になった子どもたちに効率的に知識を定着させることができるメリットがあります。なお,うまく展開するには,いくつかのポイントがあります。

- 子どもたちに,素直に（無批判的に）教師の指導を受け入れる,という姿勢が形成されている。
- 子どもたちに,授業に参加する定められた行動の仕方が受け入れられ,共有されている（ただし,共有しない子どもはみんなから疎外される）。
- 教師が子どもたちから信頼されている。

以上が成立していると，子どもは，教師が期待する授業に参加する態度で，教師の説明する授業内容を素直に記憶しようとするので，効率よく授業が展開でき，知識の定着が高まります。これが，教師主導の一斉授業のメリットです。

　ただし，このような授業は，特定の知識を，背景に特定の価値観や行動様式を共有する仲間（子どもたち）に，紹介する形の「会話」になっている面があります。これを「**イントロダクション的会話**」（田島，2024）といいます。知識の習得には有効ですが，与えられた知識をそのまま受容している傾向が強いので，知識を活用する力や創造する力の形成にはつながりにくいという限界があります。

　教師主導の一斉授業の「イントロダクション的会話」は，心理学者のオーズベルが指摘している「受容学習」（河村・武蔵，2019）と近似した概念だと思います。受容学習とは，学習されるべき内容が完成された形で教師から学習者に示され，その内容が受容されていくように学習を進めていく学習指導法です。学習者が自らの仮説を立てて，それを検証していくことを通して学習を進めさせていく学習指導法の「発見学習」と逆の指導法です。

(3)　「協働づくり」に取り組んできた学級への「対話」の取り入れ方

　授業を「対話」のある授業とするためには，子どもたちが意識的に仲間集団の文脈を離れ，互いが異質な「他者」のつもりになって，多面的な検討を行うことが必要となります。これを「**ディベート型対話**」（田島，2024）といいます。

　ディベート（debate）とは，特定のテーマについて異なる立場に分かれ議論することです。ちなみに，ここでいう「他者」とは，特定の価値観や行動様式を背景に共有していない人々であり，自動化された言語認識のままではコミュニケーションはできない人々のことです。

　このような「他者」とコミュニケーションをするためには，「仲間」の間では当たり前の「常識」として省略された意味内容も言語化し，相手に

伝わる言葉で表現しなければならないという，複雑な操作をともなう言語認識が必要となります。このような手続きが，子どもの言語認識の自動化を抑止し，「深い学び」につながっていきます。

　以上を整理すると，「協働づくり」に取り組んできた学級へは，次のような流れで「対話」を取り入れていくのが，抵抗が少ないと思います。

　〔一体感を大事にしてきた学級に「対話」を取り入れていく流れ〕
　①学級内の子ども同士の間に信頼を育成するために，小集団で建設的な「会話」が成立するようにする
　②「イントロダクション的会話」を成立させていき，子どもたちに社会で必要とされる既成の知識・技能を体得させる
　③次の段階にいくために，授業に「ディベート型対話」を計画的に取り入れていき，言語認識の自動化を抑止し，学びを深めていく

　「対話」の実施には，子ども同士の間に信頼が必要であり，「会話」関係の構築はその基盤になります。学級ではまず，他者を信頼できる感覚を涵養する基盤となる会話がなければ，対話は成り立ちません。相互信頼のない意見の対立は，建設的な議論になりにくいからです。これが，上記の①の部分になります。
　①の流れで実施される授業が，②の「イントロダクション的会話」で，意見の対立も少なく一斉指導で知識の効率的な伝達に適した学習指導法です。
　なお，従来の学校教育は，グループ学習の取り組みをしている学級でも，①と②の取り組みで終わることが多かったと思われます。
　しかし，さらに，③の「ディベート会話」を取り入れていくことで，授業における学びも深めることができます。
　この①②③の確実な展開の結果，さらにその発展として，深い学びとなるように，**「グローバル型対話」**を取り入れていきます。「グローバル型対

話」(田島,2024)とは,異なる文化的背景を持つ人々とつながり,理解し合おうとするコミュニケーションです。

グローバル型対話は,言語認識の自動化が起こらないため,より学びが深まる交流となります。企業人の異業種交流や,異文化交流が推奨されるのは,まさにグローバル型対話になるからであり,常識の枠を超えた創造的な思考につながる可能性があるからです。

4　学級の「空気」と教師の指導行動のまとめ

学級の「空気」は,子どもの協働活動や協働学習に対する動機づけと行動化,さらに学級適応に影響を与えます。ただ,学級の「空気」は所属する子どもたちの特性だけにすべて規定されるのではなく,子ども同士の関係性や学級活動や授業が展開される雰囲気が大きく影響します。そこに,教師の学級集団づくりのあり方や指導行動の工夫の余地があります。

子どもにプラスの影響を与える学級の「空気」を持つ学級集団づくりについて20年以上にわたって蓄積したQ-Uのデータを分析・整理すると,いくつか見えてきたことがありました。特に次の点が重要です。

〔教師の学級集団づくりで見えてきたもの〕
①教師は毎年似たような学級集団づくりをする傾向がある／学級集団づくりの仕方のタイプがある。
②教師個々の学級集団づくりの展開の仕方はとても多くのバリエーションがあるが,建設的な学級の「空気」を持つ学級集団づくりをする教師たちの展開の仕方は似ており,規則性がある
　　⇒〔「親和型A」の学級集団をつくる展開〕の仕方
　　　・安定度の準備—「目標・規律・関係づくり」を確実に実施する
　　　・安定度の確立—「協働づくり」を計画的に継続的に実施する
　　　・活性度の確立—「協働学習づくり」の取り組みを意識的に行う
③「親和型A」の学級集団づくりができない教師は,②の展開の仕方の

どこかのプロセスに不十分な取り組みがある。

　以上の点を基に，大量のデータを分析・整理して，「親和型A」の学級集団づくりの指針を提起してきました（WEBQUではその指針が活用されています）。
　つまり，繰り返し「親和型A」の学級集団づくりを達成できる教師とは，秀でた指導行動の力量があったというよりも，「親和型A」の学級集団をつくる3ステップの展開を確実に遂行していた教師である，と考えられます。
　この結論は，筆者が大学院生時代にカウンセリングの臨床研修で悟った点と同一です。当時，大学院生はベテランのカウンセラーの実際の面接に記録係として陪席させてもらい，観察学習をしていました。筆者は非常に著名なカウンセラー（教授）の面接に進んで陪席させてもらい，その逐語録起こしをさせてもらっていました。著名なカウンセラー（教授）の方は，きっと特別な高度な面接の仕方やカウンセリングの技法を有していると思ったのです。そして，何人もの先生方の面接に陪席させてもらって，気づきました。
　著名で能力が高いと思っていたカウンセラーは，「カウンセリングの基本的展開に忠実に取り組んでいた」「特別なことをしていたというよりも，当たり前の取り組みを確実にやっていた」のです。
　「親和型A」の学級集団づくりを確実にはできない原因は，そのような理論・情報を知らず行動化できていない場合と，知っていても不安が強く確実に遂行できない場合とが多いです。
　この対策として，これからの学級経営は，学年団などの組織対応で取り組み，教師同士で相互に学級経営にアドバイスし合って取り組むことが必要だと思います。協働活動・学習の効果が活きるのは，子どもたちの学級集団だけではなく，教員組織も同様です。
　そして，教員組織にも建設的な「空気」があることが大事なのは，学級集団と同様で，その影響がとても大きいことはいうまでもありません。

【文　献】

Brown, J. S., Collins, A., & Duguid, P. (1989). Situated cognition and the culture of learning. *Educational Researcher*, 18(1), 32-42

河村茂雄 (2021). 学級集団づくり／学級崩壊の変遷. WEBQU 教育サポート.

河村茂雄 (2022). 開かれた協働と学びが加速する教室. 図書文化.

河村茂雄・武蔵由佳 (編著) (2019). 教育心理学の理論と実際. 図書文化.

河村茂雄・品田笑子・藤村一夫 (編著) (2007). 学級ソーシャルスキル 小学校低・中・高学年. 図書文化.

河村茂雄・品田笑子・小野寺正己 (2008). 学級ソーシャルスキル 中学校. 図書文化.

文部科学省 (2011). 子どもたちのコミュニケーション能力を育むために――「話し合う・創る・表現する」ワークショップへの取組.

中山勘次郎 (2012) 学校活動における教師の働きかけに対する自己決定理論からの分析. 上越教育大学研究紀要, 31, 111-123.

田島充士 (監修). 藤倉憲一・武元康明 (編著) (2024). TAKT 授業のデザイン――批判的対話がはぐくむ笑顔の教室. 福村出版.

Thorndike, E. L. (1898). Animal intelligence : An experimental study of the associative processes in animals. *The Psychological Review : Monograph Supplements*, 2(4), i-109.

おわりに
―目標と実態の大きな乖離に向かっていくには―

変化が常態化した現代社会で，子どもたちには生きる力として問題解決型の能力であるコンピテンシーの育成が喫緊の課題になり，協働学習などが注目されています。さらに今後，先々の予測が困難で不確実，複雑で曖昧を特徴とするVUCAの時代になっていくと考えられており（VUCA…Volatility〔変動性〕・Uncertainty〔不確実性〕・Complexity〔複雑性〕・Ambiguity〔曖昧性〕の頭文字を取った造語），子どもたちには，エージェンシー（変化を起こすために，自分で目標を設定し，振り返り，責任を持って行動する能力）の育成が強く期待されていきます。

ただ，現実には，不登校の児童生徒数が過去最高になるなど，現代の子どもたちのメンタリティは不安定なものになっています。つまり，現代社会の要請・教育目標と，現代の子どもたちのメンタリティの実態とは，とても乖離が大きくなっています。

したがって，教育目標を達成していくためには，不安の強い子どもたちの実態を踏まえ，低いレベルから丁寧にスモールステップで，協働活動・学習などを，適切な個別支援をしながら積み上げていく必要があります。

このような現状の中で，教師は，子どもにプラスの影響を与える学級の「空気」を持つ「親和型A」の学級集団づくりを，1年間で達成できるのかが大きな問題になります。1年間で建設的に協働学習ができる状態まで学級集団づくりをすることは，かなり難しいものです。

平成の初めまでは，一人の教師が同じメンバーで構成された学級を2年間継続して担任すること（持ち上がり）で対応していたことがありました。ただ，近年，2年間継続して学級を担任することができない（崩壊する）ケースが増え，そのような取り組みをしている学校は少なくなりました。

このような状況の中で，教師が1年間担任して「親和型A」の学級集団づくりを達成している学校，全校で探究の授業もしっかり行っている学

校の取り組みに注目しています。これらの学校では、修学年限の3年間（小学校は6年間）で何をどの時期にどこまでやるのかという全体の教育計画がしっかり組み立てられていて、それを全教師で共有して、その指針の下、個々の教師が学級集団づくりに取り組んでいます。そのため、各学年で実施された学級集団づくりが、次の学年でも積み上がっていきます。

　文部科学省は、学校が教育課程の改善などを実現し、複雑化・多様化した課題を解決していくために、「チームとしての学校」を作り上げていくことが大切であることを指摘しています。この考え方は、これからの学級集団づくりにもあてはまるでしょう。

　多様化し、対人交流が希薄化した子どもたちに対して、協働活動・学習を通してコンピテンシーを育成することを目指すとき、学級集団づくりは校内の教師たちの組織対応で取り組み、修学年限の3年間（小学校は6年間）で積み上げていき、協働活動・学習をより深めていくことが切に求められると思います。

　このような組織対応が有効になるのは、教員組織も建設的な「空気」がある組織であることが必要です。つまり、建設的な「空気」を持つ学級集団づくりと、建設的な「空気」を持つ教員組織は相似形にあります。

　この取り組みのハードルは高いですが、不安を持ちながらも試行錯誤して、一歩一歩進んでいくことが大事なのだと思います。

　とても高く大きな教育目標と、多様化した子どもたちの難しい実態、この大きな乖離の中で、どのような指針と方法論で取り組んでいけばいいのか、現場の教師たちはそれが見えなくて困っていると思います。そして、大きな乖離に対する指針と方法論について、一つでも多くの研究知見が求められていると思います。これからも取り組んでいく筆者の課題です。

2024年8月
　　とても暑い日々が続く、学生がいなくなった早稲田キャンパスにて
　　　　　　　　　　　　　　　　　　　　早稲田大学教授
　　　　　　　　　　　　　　　　　　　博士（心理学）　河村茂雄

著者紹介

河村 茂雄（かわむら しげお）

早稲田大学教育・総合科学学術院教授。筑波大学大学院教育研究科カウンセリング専攻修了。博士（心理学）。公立学校教諭・教育相談員を経験し，岩手大学助教授，都留文科大学大学院教授を経て，現職。日本学級経営心理学会理事長，日本教育カウンセリング学会理事長，日本教育心理学会理事長，日本教育カウンセラー協会岩手県支部長。論理療法，構成的グループエンカウンター，ソーシャルスキルトレーニング，教師のリーダーシップと学級経営の研究を続けている。

著書

『子どもの非認知能力を育成する教師のためのソーシャル・スキル』（誠信書房，2022）
『アクティブラーニングを成功させる学級づくり』（誠信書房，2017）
『教師のためのソーシャル・スキル』（誠信書房，2002）
『開かれた協働と学びが加速する教室』（編著）（図書文化，2022）
『アクティブラーナーを育てる自律教育カウンセリング』（図書文化，2019）
『学級担任が進める特別支援教育の知識と実際』（編著）（図書文化，2017）
『アクティブラーニングを推進する学習集団／学級集団づくりのためのアンケートWEBQU―解説書―』（監修）（WEBQU教育サポート，2021）
『講師のための学級経営コンサルテーション・ガイド』（WEBQU教育サポート，2021）
ほか多数

子どもたちの行動を決める学級の「空気」
―― 同調圧力のメカニズムと心理的安全性を高める指導

2025年2月5日　第1刷発行
2025年6月25日　第2刷発行

著　者	河村　茂雄
発行者	柴田　敏樹
印刷者	藤森　英夫

発行所　株式会社　誠信書房
〒112-0012　東京都文京区大塚3-20-6
電話 03 (3946) 5666
https://www.seishinshobo.co.jp/

©Shigeo Kawamura, 2025　Printed in Japan
ISBN978-4-414-20226-7 C1037
印刷／製本　亜細亜印刷㈱
落丁・乱丁本はお取り替えいたします

JCOPY ＜出版者著作権管理機構　委託出版物＞
本書の無断複製は著作権法上での例外を除き禁じられています。複製される場合は，そのつど事前に，出版者著作権管理機構（電話 03-5244-5088，FAX 03-5244-5089，e-mail: info@jcopy.or.jp）の許諾を得てください。

子どもの非認知能力を育成する教師のためのソーシャル・スキル

河村茂雄 著

教師として、今後の社会で大事となる子どもの「非認知能力」をどう育成するか。その方法を、具体例や心理学的な理論を交えながら紹介する。

目 次
序　章　グループ活動が難しい"ふつう"の子どもが増えている
第1章　"ふつう"の子どもたちの問題と非認知能力の重要性
第2章　"ふつう"の子どもの土台にある発達の問題
第3章　非認知能力の育成における基本的な考え方
第4章　子どものタイプに応じた非認知能力の支援と育成
第5章　非認知能力を育成する自律性支援の基盤

A5判並製　定価(本体1800円+税)

アクティブラーニングを成功させる学級づくり
「自ら学ぶ力」を着実に高める学習環境づくりとは

河村茂雄 著

アクティブラーニングを成功させるには「学級」のあり方が重要である。ALの効果を上げる学級をつくるための理論や実践方法を紹介。

目 次
序　章　〈本書の目的〉アクティブラーニングが実質化するために
第1章　アクティブラーニングが求められる学習活動
第2章　アクティブラーニングを実質化させる学級集団とは
第3章　アクティブラーニングが実質化する学級集団づくりとは
第4章　アクティブラーニングで求められる教員の指導行動
第5章　現状の学校現場でアクティブラーニング型授業に取り組んでいく指針

A5判並製　定価(本体1800円+税)